40歳からのキャリアをどう生きるか

それでも、「普通の会社員」はいちばん強い

新井健一

日本経済新聞出版

まず、本書の結論から述べておく。

日本企業の会社員は最強だ。

それは、ＶＵＣＡの時代、
ＡＩが人類から仕事を奪うと言われる
この時代においても変わらない。

むしろ、今後、ますます日本人、
日本企業の会社員は
よき働き手として重宝されるだろう。
本書ではこのことを
徹底的に検証していく。

したがって、もしあなたが
自身の生涯キャリアに
不安を覚えているのであれば、
ぜひ本書を読み進めてほしい。
道中、紆《う》余《よ》曲折《きょくせつ》あるが、
必ず道は拓けると筆者は信じている。

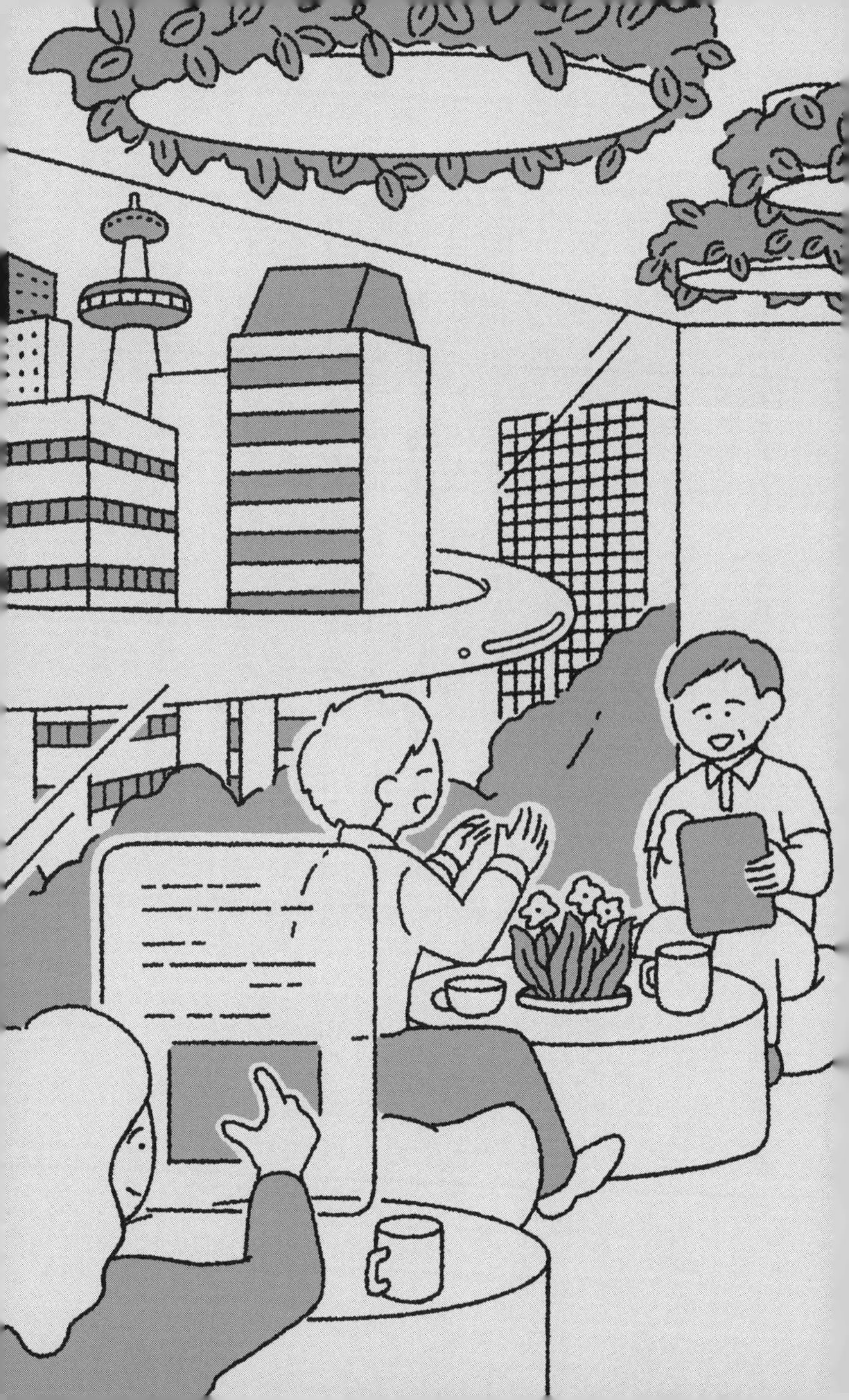

■プロローグ

会社員という働き方の危機

会社員という働き方が、いま大きく揺らいでいる。

このことは、筆者が会社員として社会に出た当時、ミレニアムイヤーを迎えようとする日本企業についても言われていた。より詳しくは、日本の高度経済成長期に企業の強さを支えてきた「終身雇用制度」「年功序列型賃金」が崩壊すると。

だが実際、統計数値によれば、日本の終身雇用というシステムが世界で注目され、それが崩壊したと言われた1976年から2000年、そしてそれから**2018年にいたるまで、微増ながら平均勤続年数は伸び続けてきた。**

このような事実と向き合いつつ、会社員という働き手の来し方を振り返れば、我々は常に、我々の不安や危機感を煽ろうとするオオカミ少年と対峙し、その真偽を見極めながら冷静に対処してきたと言えるだろう。

だが、今回やって来たのはどうやらオオカミ少年ではないようだ。

（トヨタ自動車の）豊田社長は「今の日本をみていると、雇用をずっと続けている企業へのインセンティブがあまりない」と指摘した。

出典：日経ビジネス電子版2019年5月14日『「終身雇用難しい」トヨタ社長発言でパンドラの箱開くか』より日本自動車工業会における豊田章男氏会見（2019年5月13日）

サントリーホールディングスの新浪剛史社長は（中略）「（定年を）45歳にすれば、30代、20代がみんな勉強するようになり、自分の人生を自分で考えるようになる」と従業員の意識改革を促す効果を強調。

出典：日経ビジネス電子版2021年9月22日「45歳で定年、40歳で賃金打ち止め！　一流経営者の発言大炎上」より経済同友会セミナーにおける新浪剛史氏の発言（2021年9月9日）

そして最近、日本経済団体連合会（経団連）、経済産業省（経産省）などの積極的な発信により、職業能力の再開発、再教育を意味する「リスキリング」という言葉や取り組みが、企業に浸透しつつある。

リスキリングとは、時代の文脈に則して言えば「市場の変化に対応すべく新しい職種・業務に就くこと」や「現職で求められるスキルの変化に適応し、持続的に価値を創出すること」を目的に、新しいスキルや技術の習得を推進する全般的な取り組みを指す。

特に現在、第四次産業革命（ＩｏＴやＡＩ、ビッグデータによる技術革新）への対応が強く求められる一方、デジタル技術をビジネスに活用するハイスキル人材の不足が、国家レベルで問題視されている状況である。したがって、リスキリングによるＩｏＴ、ＡＩ、データサイエンスなどのスキル開発は、社内人材のデジタル人材化につながるため、官民で注目を集めているのだ。

だが筆者は、これらの発言や発信にある欠落した要素、側面、当事者の不在を読み取る。それは、会社員という働き方を選択してきた個人の意思や意向だ。だから、当の企業、その社員は、「リ」「スキリング」という言葉は聞いたことはあっても、次の問いに適切に答え、実際に動けている人は少ないのだろう。

「なぜ今、会社員にリスキリングが叫ばれるのか」
「どのような職業で、具体的にどのようなリスキリングが必要なのか」
「『わたし』はリスキリングにどう対応すればよいのか」

ただ、これについて致し方ない面もある。それは会社員という働き方そのものが、個ではなく集団、そして組織を重視してきたからだ。加えて日本人は、文化として個人よりも集団の「和を以《もっ》て貴《とうと》しとなす」を重視する傾向がある。

ここで読者に問いたい。

あなたのキャリアは誰のものか。

（多くの）外資系企業で働く社員にこのような問いを発しても意味はない。「それは私のものだ」、質問の受け手にとっては当たり前のこと過ぎて、問いの意味をはかりかねるだろう。だが、日本企業に勤めるあなたに同じ問いを発したら、あなたはどう答えるだろうか？

この問いに対して、外資系企業で働く社員と同様、何の躊躇もなく「私のものだ」と答える、答えられる読者にとって、本書は有益ではないかもしれない。

ただ、ほんの少しでもそう言い切ることがためらわれ、不安を感じるのであれば、この本は読み進めていただくに値すると筆者は考える。

「いま、ここ」の時点だけを捉えるのであれば、日本企業で働く普通（筆者は『普通』をとても良い意味で使っている）の会社員にとって、そもそも「キャリアは誰のもの問題」は、たとえばなんの備えもなく、いきなり荒野に放り出されるような不安を掻き立てるテーマかもしれない。

ただ、あなたは気づいてもいない。あなたは、これから自身の生涯キャリアをサバイブするための強力な武器を、本人も気づかぬうちに身に付けてきたことに、だ。

本書では、そのタイトル『それでも、「普通の会社員」はいちばん強い』のもと、過去を振り返れば非常にユニークな「会社員」という働き方に、これからも一定程度軸足をおいて生きていくための心構えや技術を、小説形式をとり入れながら解説・提案していく。

2023年7月

新井　健一

目次

2章

「普通の会社員」がこれから最強だと言い切れる理由

3章

会社員にこれから必要な2割の「＋α」って何だろうか？　185

4章

今の仕事を続けながらできる、たとえばこんなキャリアの広げ方 243

5章

「会社を辞めて輝く人」と「辞めて行き詰まる人」 299

エピローグ

目指すのは「ふにゃふにゃしたキャリア」 337

1章

僕たちは、一体いつまで働くのか？

会社員を待ち受ける現実と未来

【父・上倉英二の場合】

私は上倉英二といいます。1947年の生まれです。まさに戦後のベビーブームに生まれた団塊の世代ですね。まあ、サラリーマンをやめてもう何年もたちますが……。

家族は妻と子供が二人です。子供たちはもうとっくに独立しましたがね。そういえば、ちょうど子供に金がかかる頃に、年金の支給年齢が60歳から引き上げられたのを覚えています。それまでは、学卒で就職した会社に60歳まで勤め上げて、定年退職したら直ぐに年金がもらえて、悠々自適な老後を送れる算段でしたから……その頃からですかね。定年退職したあと、再雇用に手を挙げる社員が増えたのは。

まあ、とにかくがむしゃらに働きました、子供の成長を見守る時間なんてとてもなかったですよ。私もご多分に漏れず転勤族で、10年近く単身赴任もしました。出張や単身赴任から戻ったら、子供たちはもう高校生、中学生だった、そんな印象ですね。

私は、退職してまで会社にしがみつきたくなかったので、(引き止められはしたんですけど)再雇用や嘱託の身分で会社に残ることをしませんでした。ですが、いざ退職してしばらくは、とにかくやることがなくて、たずねて行くあてもないし。子供が独立したので一軒家を手放してマンションに引っ越したんですが、周囲に知り合いがいるわけでもなく、なにせ転勤族だったものですから、もう故郷に知り合いもいないし、根無し草なんです。ですが、私はまだマシなほうですよ。なかにはどこまでも仕事にしがみついて再雇用で働き続けていたんですが、ついに退職してからは酒浸りになって、ある日浴槽で溺死したなんて元同僚もいます。

ほかにも、こんな話を聞きましたよ。取引先のちょっとした知り合いだったんですが、ちょうど定年退職する頃に、それまで苦楽をともにしてきた奥さんが急逝して……。残された男やもめは退職金もなにもかもスナックやキャバレーで使い倒して、すべて使い切ったその足で自宅にもどり、火事をおこして自殺しました。

質問：「サラリーマンでなかったら、やってみたかったこと――ですか？」

考えたこともないですね……。そういえば最近読んだ本にこんなことが書いてありました。

ある晩のこと、私は行きつけのレストランにいました。隣のテーブルには、父親と、母親と、十二歳くらいのやせっぽちの男の子が座っていた。「トマトジュースを飲みなさい」と、父親が男の子に言いました。

「飲みたくない」と男の子が言いました。

するとと父親はもっと大きな声で、「トマトジュースを飲みなさい」と言いました。そしたら母親が、「いやだということを無理にさせないで」と言ったんです。

父親は彼女をじっと見て言いました——「この子は、好きなことだけして人生を渡るわけにはいかない。好きなことだけしてたら、死んでしまうぞ。おれを見ろ。一生のうち一度だってやりたいことをやったことはないんだ」

出典：『神話の力』（ジョーゼフ・キャンベル、ビル・モイヤーズ著、飛田茂雄訳、ハヤカワ・ノンフィクション文庫）P255〜256

私には、この父親の気持ちが分かります。というか、好きなことだけをしていても、生きていけるとは考えたこともありませんでした。好きなことなんて、せいぜい趣味の範疇で楽しむくらいのものでしょう？　違いますか？

——ただ、なかには家業を継いで定年もなく、なんだかんだと言いながら、楽しそうに仕事を続けている友人もいますから、そんな姿を見ているとサラリーマンがすべてではなかったなとも思います。

そして、ひとつ心残りがあるとすれば、私も子供たちに、時代がそうだから、それが常識だから教育だからといって**「トマトジュースを飲みなさい」という生き方を『強要』してきてしまったのではないか**、ということなのです。

生成ＡＩが教えてくれる
サラリーマンの強み弱み

団塊の世代とは、１９４７年〜49年の３年間に生まれた世代のことで、同３年間の出生数は約８０６万人であった。つまり、８０６万人を単純に３で割ると、１年に約２６９万人生まれたということである。

ちなみに、２０２２年の出生数が79万９７２８人（厚生労働省調べ）であるから、現在に比べ１年で軽く３倍のベイビーが産声をあげたということになる。そんな彼らが我々に残していったものは何か。様々なキーワードが想起されたが、最終的に、筆者の頭に残ったものを挙げる。

経済重視、中流意識、他律管理
――勤勉、競争、犠牲、画一、忍耐

先《ま》ずはこれらのキーワードとともに時代を駆け抜けた「サラリーマン」（会社員のこと。ここではあえてサラリーマンという言葉を使う）という生態について考えてみたい。

問い サラリーマンについて教えて

サラリーマンとは、企業や組織に所属し、定期的に給料を受け取る従業員のことを指します。

サラリーマンは、労働時間が規定されており、一定の仕事量をこなすことで給料を受け取ることができます。また、社会保険や福利厚生などの制度が整備されており、健康や安全面の保障があります。

一般的には、大手企業や公的機関などの組織に所属することが多く、正社員として雇用されることが一般的です。また、一定期間ごとに昇給や昇進の機会があり、長期的なキャリアアップも目指すことができます。

ただし、労働時間が長く、ストレスがたまりやすいというデメリットもあります。また、リストラや業績不振による解雇のリスクもあるため、常に自己研鑽やスキルアップに努める必要があります。

問い　サラリーマンの弱点について教えて

サラリーマンの弱点としては、以下のような点が挙げられます。

- **個人の能力が評価されにくい**

大企業や組織での勤務では、チームや組織としての成果が重視されることが多く、個人の能力が評価されにくい傾向があります。

- **会社に依存している**

サラリーマンは、企業に依存して生計を立てているため、会社の業績に大きく影響を受けることがあります。リストラや倒産などの不測の事態によって、失業や収入減少のリスクがあるため、不安定さがあります。

- **長時間労働による健康リスク**

サラリーマンは、長時間労働による健康リスクがあります。過剰なストレスや運動不足、不規則な生活リズムなどが、生活習慣病のリスクを高めることがあります。

・ワークライフバランスの悪さ

サラリーマンは、長時間労働や残業が多いため、プライベートの時間が削られ、家族や友人との時間を取ることが難しくなることがあります。

・キャリアアップが難しい

大企業や組織では、上層部への昇進やキャリアアップが難しい場合があります。また、転職によって同じ給料を得ることが難しくなることもあります。

これらの弱点に対して、サラリーマン自身が自己研鑽やスキルアップに努めることや、ワークライフバランスの改善、健康管理などが求められます。

出典：ChatGPT　https://chat.openai.com/chat

このようにChatGPTを用いてサラリーマンの「強み」「弱み」「機会」「脅威」を分析してみても面白いだろう。そして昨今の労働市場改革が、サラリーマンSWOT（図表1）にどう影響を与えようとしてるかを俯瞰することにも意義がある。

たとえば、サラリーマンの弱み、そのいくつかは一連の働き方改革により、なかば強制

■ 図表1 サラリーマンをSWOT分析で考えると……

	プラス要因	マイナス要因
内部環境	S 強み ???	W 弱み ●会社への依存 ●意に染まぬ長時間労働や、異動・転勤など
外部環境	O 機会 ???	T 脅威 ●倒産、リストラ ●メンタルヘルス悪化、生活習慣病…

的に解消されつつあるというように。副業、兼業の奨励、残業規制、有給休暇の取得義務化、リスキリング等がそれに相当する。

そして我々は、前述の「経済重視、中流意識、他律管理――勤勉、競争、犠牲、画一、忍耐」に象徴されるサラリーマンという働き方から解放されつつある。

だが、**サラリーマンという働き方のすべては否定の対象なのだろうか?**

ここに筆者の問題意識はある(勿論《もちろん》「24時間戦えますか」という第一三共ヘルスケアの栄養ドリンク・リゲインのキャッチコピーや「企業戦士」的な働き方を推奨するものでは決してないが)。

いずれにせよ、形式的にはサラリーマンを取り巻く労働市場は大きく改革され、働き手は本来そうあるべき会社員となった。

「職務給」、日本企業にとって本当にプラスなのか

日本政府は2023年6月16日に、「経済財政運営と改革の基本方針2023」（骨太方針）を閣議決定した。そして、労働分野では「三位一体の労働市場改革」を打ち出している。

■三位一体の労働市場改革

- リ・スキリングによる能力向上支援
- 個々の企業の実態に応じた職務給の導入
- 成長分野への労働移動の円滑化

この改革は、構造的な賃上げを実現するとともに、「人への投資」を強化しようとするものである。また合わせて、年功序列型賃金や終身雇用制度を前提とした、日本型雇用慣行を大幅に見直そうとした。

また、退職所得課税制度の見直しを行うなど、長期勤続者に対する優遇措置を縮小する方向性を打ち出している。

さて、これら一連の労働市場改革は、日本もしくは日本企業の望ましい未来を約束するものだろうか。

これについて、筆者は「ＹＥＳ」でもあり、そして「ＮＯ」でもあると認識している。

特に「ＮＯ」について、欧米企業では標準的な職務給だが、日本企業が安直にそっくりそのままこれを導入してしまっては、企業の体質にあわず国際競争力を失う。

また、職務給という働き方は、労働市場に「一物一価」として流通するよう仕事をパッケージ化するということに他ならず、結果、企業で働く会社員の仕事はＡＩに代替され、職を失う。なぜならＡＩは、職務給が目指すところの「同じ知識やスキルがあれば、誰が手がけてもおよそ同じ結果が出る仕事」において、人類よりはるかに高い能力を発揮するからだ。

また、欧米企業には存在せず、日本企業に厳然と存在する「新人」は、会社員として最低限求められる実務能力も身につかないまま、労働市場に放り出され、今後ますます拡大する所得格差の底辺に追いやられる。

その一方で、労働移動の円滑化を促すには、半強制的な施策を実行する必要がある。そうでなければ、極めて保守的な日本企業の会社員は、自ら進んで労働移動などしないだろう。

さて、これら改革の方向性を見極めつつ、我々はどういう働き方を選択していくかを考えていかなければならない。

70歳まで働くのが当たり前の時代

近年、日本企業の定年退職年齢は引き上がり続けている。

そもそも定年制度とは、「労働者がある一定の年齢に達した際、その年齢に達したことを理由として、就業規則や労働協約により雇用契約を終了させること」をいう。

これは先に、上倉英二という団塊世代のサラリーマンがたどった生涯キャリアの軌跡においても少し触れたが、１９８６年には高年齢者雇用安定法[1]の改正により、60歳定年の努力義務が課され、更に《さら》94年の改正高年齢者雇用安定法では、60歳未満の定年が原則として禁止、98年の施行によって60歳定年の時代が到来した。

そしてその後、再び年金支給開始年齢は60歳から65歳へ引き上げられ、定年年齢も更に引き上げられることになる。

また2000年には、65歳までの雇用確保措置が努力義務となり、04年には施行を06年としつつ、65歳までの雇用確保措置が努力義務から「義務」に切り替えられた。

そして更に、21年4月1日に施行された改正高年齢者雇用安定法は、各事業主に対して、65歳から70歳までの安定した雇用を確保するため「就業確保措置」[2]を講ずることを、新たに努力義務として課した。

この一連の流れは、日本人の寿命（平均寿命：男性81・49年、女性87・60年　厚生労働省2022年12月23日発表「令和2年都道府県別生命表」より）がますます延び、それに伴い生活資金需要が高まっていること、また労働意欲のある高年齢者（健康寿命：男性72・68年、女性75・38年「令和4年版高齢社会白書」より）も増えていることから、高年齢者についても一定の就業機会を確保する必要が生じていることに対応するものである。

1　高年齢者雇用安定法は、正式には「高年齢者等の雇用の安定等に関する法律」といい、同法第一条において次のように目的が規定されている。

「高年齢者雇用安定法 第一条（目的） この法律は、定年の引上げ、継続雇用制度の導入等による高年齢者の安定した雇用の確保の促進、高年齢者等の再就職の促進、定年退職者その他の高年齢退職者に対する就業の機会の確保等の措置を総合的に講じ、もつて高年齢者等の職業の安定その他福祉の増進を図るとともに、経済及び社会の発展に寄与することを目的とする。」

2 具体的に、事業主は次に挙げるいずれかの「就業確保措置」を講ずるよう努めることとされている（高年齢者雇用安定法 第10条の2第1項・第2項）。
①70歳までの定年の引上げ、②定年制の廃止、③70歳までの継続雇用制度（再雇用制度・勤務延長制度）の導入（特殊関係事業主に加えて、他の事業主によるものを含む）、④70歳まで継続的に業務委託契約を締結する制度の導入、⑤70歳まで継続的に以下の事業に従事できる制度の導入 a.事業主が自ら実施する社会貢献事業 b.事業主が委託、出資（資金提供）等する団体が行う社会貢献事業

再雇用者に「黒子に徹してほしい」と言う企業

ちなみに日本の定年制、その始まりは明治時代（１８６８～１９１２年）に遡《さかのぼ》る。記録に残る最古の定年制は、明治時代後期の１８８７年に東京砲兵工廠が職工規定で定めた55歳、また民間企業では、１９０２年に日本郵船が社員休職規則で定めた同じく55歳である。

その当時、日本人の平均寿命は男性が43歳、女性が44歳前後であり、新生児の死亡を統計から除外しても平均50歳であったため、同制度の適用は大企業の一部職員のみだけであったにせよ、文字通り優秀な働き手の足止めを狙いとした「終身雇用」制度であったと言える。

その一方で、同制度はこれまで働き手を強制退職させる仕組みとしても機能してきた。

そのため、日本における少子高齢化、労働力人口の圧倒的な不足を背景としつつも、再雇用者の人事管理に苦慮する企業そして人事担当者を多く見てきた。

「再雇用者には、ひたすら黒子に徹して人材を育ててほしい。リーダーシップの発揮もマネジメント能力の発揮も必要ない。とにかく主体性を発揮せず、仕事もやり過ぎずに、後進に道を譲ってほしい」

これは、とある日本企業において、定年延長を織り込んだ人事制度を設計する際、クライアントが我々に対して切実に訴えたことである。

また、それまで55歳だった定年制が60歳に移行したことを受けて、導入されたのが役職定年制である。企業としては、55歳から60歳まで役職者に同じ高い給料を払い続けることが難しいため、役職を解任して雇用し続けられるようにした。

また、同制度は強制的にポストの空きをつくり若手に役職を任せることで「組織の活性化」や「若手の育成」を促そうとした。このように、役職定年制は「人件費の削減」「組織の活性化」および「若手の育成」などを目的として導入・運用されたが、昨今では同制度を廃止する企業も出てきている。

その背景には、勿論人材の不足もあるが、それだけが理由ではない。

そもそも、やる気も能力もあり経験も豊富な人材を、成果ではなくただ年齢という基準により、なぜ一律に役職を解任しなければならないのか、定年退職させるのかという、ある意味至極《しごく》まっとうな議論があるからだ。

定年年齢引き上げで現場が直面する問題

ちなみに、日本では当たり前のように存在する定年制度だが、世界では定年制度がない国も少なくない、また、定年制度廃止や延長の動きは各国でみられる。

アメリカでは「雇用における年齢差別禁止法」（The Age Discrimination in Employment Act＝ADEA）が1967年に成立、また86年の改正により、使用者は40歳以上について雇い入れや労働条件などに関して、年齢を理由に差別することを禁止している。つまり、定年制のように「60歳になったら会社を辞めてもらう内容の労働契約をする」といったことができないのだ。

なお、特例として定年制が許容されているのは、公共交通機関の業務や警察官、消防士などだけである。ちなみに、EU諸国、カナダやオーストラリア、ニュージーランドなどにも雇用に関する年齢差別禁止が存在する（但し、定年制は認められるなど、例外規定を設けていたりする）。

このように、一見年齢差別禁止と矛盾するような定年制が例外規定として認められるのは、次のような理由によるだろう。

年齢差別禁止は、あくまで「個人」に対する差別を禁ずるものであり、定年制のように当該条件を満たした「誰にも」等しく適用される基準とは異なるということだ（国民の自由や権利を制限し得る「公共の福祉」の考え方のようなもの、後述）。

ちなみに、欧米諸国とその労働者には、日本におけるような定年年齢の概念や感覚が乏しいようだ。定年年齢の定めがあるなしにかかわらず、公的あるいは私的年金の受給開始年齢が職業生活から引退する年齢であり、現在ではその年齢が概ね65歳、あるいはそれ以下の年齢である。

だが昨今は、日本と同様、国により国民の高齢化問題を背景とした年金制度の改正、受給開始年齢の引き上げがなされている。そんな中でも、たとえばドイツの中央銀行であるドイツ連邦銀行は、公的年金制度を維持するため、2016年に定年年齢を69歳まで引き上げるよう提言して、物議を醸した。

では、これらの動きと合わせて、人事コンサルタントである筆者が直面する現場の課題を列挙してみよう。

①定年後再雇用者は、賃金の一律引き下げが先にありきなため、「同一労働・同一賃金」に抵触しないよう、定年前と比べて軽微な仕事を与えることが、本人の能力や経験より重要視される。

②役職定年者は、組織の新陳代謝を図るため、本人の能力や経験にかかわらず、ポストを後進に譲り、引き下げられた賃金に見合う閑職、もしくは軽微な仕事を与えられる。

③定年制を年齢による差別だとして完全に禁止した場合、先に雇用され高い能力を発揮し続けている先任者に雇用が有利に働く場合がある（年齢が雇用の基準から除外されるのであれば、実績のある雇用者に引き続き仕事を任せるのが安心）。

③はともかく、①と②では、やる気と能力はあるのに、それに見合う仕事が与えられない。これでは引き続き仕事にやりがいを見いだすことは難しいだろう。

そして②は、単に仕事を取り上げられるだけではない。

拙著『働かない技術』（日経プレミアシリーズ）で書いた通り、「日本企業で役職定年した部下の扱いは、職場がかつての上司に気を遣うか、かつての上司が職場に気を遣うか、そのどちらかだ。そもそも、日本人や日本企業にとって役職や資格等級の上下は人間としての序列であり、その獲得や保持は人生をかけたプライドなのだ」

当該人材の善政がその後、自身の身を助けるか、悪政が身を亡ぼすか、裁定が下る。

またその一方で、雇用の継続、判断から年齢という基準を完全に排除した場合、「年齢に応じて賃金は引き下げるけども、このまま勤め続けられますよ」という保証もなくなる。

人生130年時代が迫りつつある

ここで視点をかえてみよう。

我々は、重石を抱えて目的も見出せないまま歩き続けるような労働（というイメージ）をいったんわきに置き、**いつまで働けるのか、そして働き続けて果たしてよいことはあるのか**という視点だ。

人生100年時代と言われるようになった。金融審議会市場ワーキング・グループ報告書「高齢社会における資産形成・管理」に端を発した老後の生活費不足問題、その金額が2000万円と公表されて世間をざわつかせた。

とはいえ、企業研修などで受講者に「100歳まで生きる実感はありますか？」と聞いてみると、「ない」と答える人も多いのが現状だ。

しかしながら、令和の時代を迎えた現在、日本人の平均寿命は男性約81・49歳、女性約87・60歳であり、60歳くらいまで大病をせずにいる人は、90歳や100歳まで生きる時代が来ていると言われたらどうだろうか。

総務省の統計では、夭折《ようせつ》（年若くして亡くなった）した日本人も、同じ母集団に含めて平均年齢を算出するため、値を押し下げているそうだ。現に、2020年9月15日時点で、総人口1億2586万人中、80歳以上の国民は1160万人、100歳以上の国民は8万人いる。

そしてもう一つ。**人生100年時代が当たり前の世の中になってくると、次は人生130年時代がやってくる**、そう言われても100歳生きる実感がわかないだろうか。

ちなみに「人生130年時代」と「人生100年時代」、それぞれの時代における老衰を除いた死因のナンバーワンに関する予測がショッキングだ。

まず、人生130年時代だが、AIによる医療サービス提供コストが限りなくゼロに近づくため、病気では簡単に死ねない。そんな時代、人は天寿を全うするか、(ここでは倫理的な話は抜きにして)自ら命を絶つか選択することになるようだ。

では次に、人生100年時代の老衰を除く死因のナンバーワンはなんだろう?

これは、人生130年時代から時間を巻き戻してみると、そこにヒントが隠されている。まだ人生100年時代では、AIによる医療サービスコストがゼロにはならないから相応のお金がないとサービスを受けられない。

だから、**人生100年時代は、金がなくなったら死ぬ。**

「生きがい」がない人は、死亡率が高くなる

やや切ない方向に話は逸れたが、我々の平均寿命が延びるという方向性は確実であるとして、寿命の延びに相応する生活をどう充実させるかは、誰にとっても関心事であろう。

ちなみに、厚生労働省の調査によれば、２０１０年で「認知症高齢者の日常生活自立度」Ⅱ以上[1]の高齢者数は２８０万人であり、また当時の将来推計では、２０２０年には４１０万人、25年には４７０万人に達すると予測している。

これに対し、海外のアルツハイマー型認知症の研究によれば「生きがい（人生の目的）」の有無によって認知症の進み方がまったく違うことが分かっている。[2] 生きがいがある人は認知症の進行が緩やかになるわけだ。

日本生命が開設・運営するウェブサイト「認知症を考えるみんなのためのメディア１００年人生レシピ」では、平均80歳の男女９００名を対象とした調査において、生きがいがある人はない人と比べ、約２・４倍アルツハイマー型認知症になりにくいことが分かった。

またアメリカの医学雑誌によれば、「人生に生きがいを持っている人は、持たない人の約５分の１の死亡率であった」と、生きがいと認知症の関係を説明している。

1　なお、「認知症高齢者の日常生活自立度」Ⅱとは、日常生活に支障を来たすような症状・行動や意思疎通の困難さが多少見られても、誰かが注意すれば自立できる状態を指す。

2　Effect of purpose in life on the relation between Alzheimer disease pathologic changes on cognitive function in advanced age

生きがいにつながるのは仕事と○○の両立

それでは、当の「生きがい（人生の目的）」とは何か、何によってもたらされるのか。

たとえば、内閣府の調査によれば、調査対象となった日本の高齢者1239名の仕事や社会貢献活動への参加と生きがいの関係について、次のことが分かっている。

- 性別は生きがいには影響しない。
- 単身世帯の高齢者は、それ以外の世帯の高齢者に比べて「生きがい」が低くなる。
- 「経済的に困っていないこと」、「健康であること」、「相談できる友人などがいること」、「他者との会話頻度が多くなること」は、「生きがい」の向上に貢献している。
- 仕事だけでなく、社会貢献活動への参加は、「生きがい」の向上に貢献している。
- 仕事のみと社会貢献活動のみを比較すると、社会貢献活動に参加することは「生きがい」へのプラスの影響が大きい。

これらの分析結果から言えることは、少なくとも日本の高齢者にとって、仕事や社会貢献活動への参加は、いずれにも参加していない者に比較して、「生きがい」の向上に貢献しており、その貢献度は次の順位となる。

■「生きがい」への貢献度

「仕事と社会貢献活動の両者に参加」＞「社会貢献活動のみに参加」＞「仕事のみ参加」＞「いずれも参加していない」

そして、当調査結果の分析・解説では、まとめとして仕事と社会貢献活動の関わりを次のようにまとめている。

高齢期にも「生きがい」を持ち続けるためには、仕事を辞めても、その代わりに社会貢献活動に参加することが大事になると言える。しかし、仕事のみの生活を長期に続けていながら高齢期に仕事を辞めた直後から、社会貢献活動を新たにはじめることは難しいと考えられる。それを踏まえると、高齢期に到達する前から仕事だけでなく、社会貢献活動にも参加しておくことが大事になろう。若い時期から仕事と社会貢献活動の両者に参加しておき、高齢期に仕事を引退したあとは、社会貢献活動を継続し、社会貢献活動に軸足を移すことが「生きがい」を維持するために有効と言えよう。

出典：内閣府「第9回高齢者の生活と意識に関する国際比較調査」第4章 調査結果の分析・解説まとめ

ここで、同調査からいま一歩踏み込んでみたい。

人は、仕事や社会貢献活動により「経済的に困っていないこと」、「健康であること」、「相談できる友人などがいること」、「他者との会話頻度が多くなること」のすべて、もしくはいくつかを充足することができるが、それらは人生の目的なのだろうか。

確かにこれらは「生きがい（人生の目的）」を満たす手段ではあるだろうが、目的そのものではないように感じるのは筆者だけだろうか。

ちなみに、本書のテーマの中心にある仕事であるが、その目的もたとえば「経済的に困らないようにすること」としてしまうと、「生きがい（人生の目的）」との相関という観点から、矮小に過ぎるようだ。

人生100年時代、我々は「生きがい（人生の目的）」と仕事、そして社会貢献活動とのつながりを年齢にかかわらず常に意識し、密にしておくことが極めて重要であり、そこに

仕事の充実、満足、成功のカギがあると筆者は認識する。

なお、生きがいと仕事および社会貢献活動の関係やその本質については、仕事と社会貢献活動の類似点、相違点などの考察と合わせて、後の章でも触れていきたい。

副業解禁の裏にある会社からのメッセージ

さて、以降はいったん我々の働き方に話を移そう。

遡れば終戦後、日本が経済の復興に向けて歩みを進める中、日本企業は企業の側が強力な人事権を行使し、社員のキャリアを管理してきた。だが、すでに読者も肌感覚としてご存じのとおり、これからは違う。

イチ企業人の生涯キャリアは、自己の責任において管理していかなければならない。これを筆者は**「生涯キャリアの自己管理時代」**と呼んできた。

だが一方で、企業は「社員のキャリアを管理するための人事権を手放しました」と公言することはないだろう。それは組織として、少なくとも一部の人材、次世代リーダーとして選抜されたり、サクセッションプラン（後継者育成計画）に組み込まれたりするような人材のキャリアは、最重要人事課題として（当然ながら）引き続き管理しておきたいからだ。

人事がこのようなキャリア管理すらも手放してしまっては、企業組織を存続、繁栄させるための生命線すらも手放してしまうことになる。

だがこの時代、**かつての日本企業のように、すべての社員のキャリアを丸抱えしておきたいわけではない。**

一部このような企業側の事情も後押しして、世間では「働き方改革実行計画」（2017年3月28日働き方改革実現会議決定）において、多様な働き方を実現すべく副業・兼業の普及促進を図っている。

かつてはご法度だった副業・兼業の解禁、読者はこの流れをどう読むだろうか。

筆者は**企業が副業や兼業を解禁することで、「社員の予測不能なキャリア、そのリスクを基本的には個人の力でコントロールしてほしい」というメッセージを発している**ものと認識している。

副業導入理由は「社員の収入の補塡」

日本企業において、副業・兼業などはご法度、会社にばれたら即クビなどという時代は終わりを迎えようとしている。

1990年はじめのバブル崩壊以降、それまで日本型雇用の象徴であった終身雇用、年功序列型賃金が崩壊すると言われたが、それでもプロローグで書いたとおり、日本企業に勤める社員の平均勤続年数は微増ながら伸び続けていた。

だが、ここにきて日本の雇用管理は大きく変化しており、株式会社マイナビ「働き方、副業・兼業に関するレポート（2020年）」および株式会社ライボ「2022年 副業・兼業に関する実態調査」は、企業における副業・兼業の実態を次のようにまとめている。

■働き方、副業・兼業に関するレポート（2020年）

現在、副業・兼業を認めている企業は全体で49・6％、将来的に認める・拡充する予定の企業は計57・0％（将来的に認める・拡充する予定の企業（57・0％）：「現在認められており、将来

■ 図表2 副業・兼業の導入理由

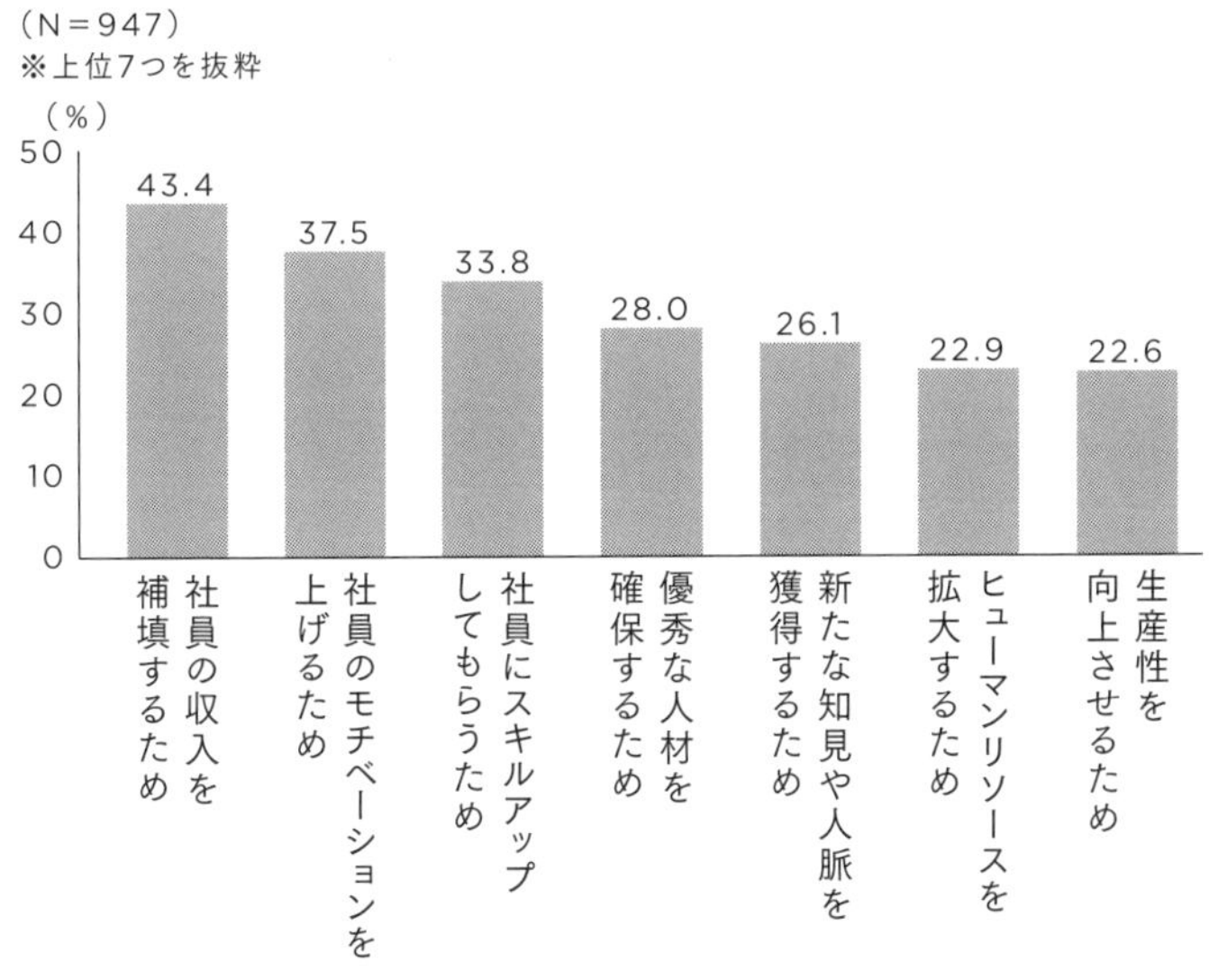

出所：株式会社マイナビ「働き方、副業・兼業に関するレポート（2020年）」

的にも拡充する予定（19・4％）」＋「現在一部認められているが、将来的には拡充する予定（22・4％）」＋「現在は認められていないが、将来的には認められる予定（15・2％）」）となった。

副業や兼業を導入している企業の導入理由（図表2）で最も多いのは「社員の収入を補填するため（43・4％）」だった。

マイナビの調べにつき、一部加工

大企業が副業を解禁し、ニュースとして取り上げられはじめた頃、その理由を「本業での貢献／好影響に期待」としていたが（たとえば、こんな見出しである。「ライオン、人事部が副業紹介 本業での貢献を期待」２０２０年1月11日日本経済新聞）、どう

■ 図表3 過去5年で正社員を減らした会社ランキング

順位	社名	5年前比正社員増減数（人）	正社員数（人）	5年前比非正社員増減率（%）	非正社員数（人）
1	東芝	▲71,563	128,697	▲35.7	—
2	フォスター電機	▲35,621	25,601	▲58.2	—
3	富士通	▲30,255	132,138	▲18.6	13,707
4	ソニー	▲26,500	114,400	▲18.8	—
5	日立製作所	▲24,784	295,941	▲7.7	—
6	第一三共	▲17,904	14,887	▲54.6	—
7	リコー	▲15,532	92,663	▲14.4	—
8	キリンホールディングス	▲9,458	30,464	▲23.7	5,912
9	住友商事	▲8,976	65,662	▲12.0	25,700
10	ルネサスエレクトロニクス	▲7,655	19,546	▲28.1	685
11	富士フイルムホールディングス	▲6,263	72,332	▲8.0	10,509
12	ジャパンディスプレイ	▲5,961	10,085	▲37.1	5,806
13	東京電力ホールディングス	▲4,658	41,086	▲10.2	2,956
14	マブチモーター	▲4,656	23,476	▲16.6	341
15	三井物産	▲4,097	43,993	▲8.5	10,354
16	日産自動車	▲4,032	138,893	▲2.8	19,240
17	ワタミ	▲3,775	2,619	▲59.0	6,990
18	OKI	▲3,160	17,930	▲15.0	2,473
19	シチズン時計	▲3,137	14,909	▲17.4	5,330
20	ニコン	▲2,942	20,917	▲12.3	—

出所：東洋経済オンライン編集部「『正社員を減らした企業』最新500社ランキング」2020年4月17日　https://toyokeizai.net/articles/-/341793

やら実態には別の側面もあるようだ。

成果主義人事制度を採用する企業では、年齢による昇給をとうの昔に捨て、凡《およ》そ40歳前後で課長職になれなければ、一時の業績賞与などを除き、給料がほとんど上がらないシステムになっている。したがって、社員に自ら収入を補填してもらうよう、副業・兼業の解禁に踏み切ったと言えるだろう。

但し、事は収入の補填だけにとどまらない。これまで企業が、強力な人事権を行使する代償として社員に保証していた／少なくとも、かつては保証しようとしていた雇用にも及んでいる。

日本企業は、雇用は企業にとっての威信であるという考えを捨てた（図表3）。

副業OKの会社でも8割の社員は副業しない

では、一方の社員はどの程度、副業・兼業をしているのだろうか。

ライボの「2022年 副業・兼業に関する実態調査」（一部加工）によると、現在の副業・兼業実施率について全体の21・6％が「副業・兼業をしている」と回答した。また「副業・

兼業をしている」の回答を〈年代別〉で見ると、50代が26・７%で最多。更に同じく「副業・兼業をしている」の回答を〈本業だけの年収区分〉で見ると「２００万円未満」が35・３%で最多になったという（ちなみに「１０００万円以上」が25・９%、「８００万~１０００万円未満」が23・5%で上位３つの回答となった。ということは、年収２００万円以上８００万円未満の社員が副業・兼業に二の足を踏んでいるということになる。また転職・求人ｄｏｄａの調査（更新日２０２２年２月19日）によれば、日本のビジネスパーソンの平均年収は４０３万円（男性４４９万円、女性３４７万円）である。これらのデータから会社員の生活やキャリアを精査してみたいが、それはまた別の機会にゆずる）。

副業・兼業をしていると回答した１４３名の〈始めた理由〉で最も多かったのは、「収入を上げるため」で83・2%となった。また〈始めたきっかけ〉については「本業だけでは生活が苦しくなった」が44・１%で最多回答になったという。

このように、ここ10年ほどの経過において、副業・兼業を解禁する企業が増加の一途をたどる中、その流れをコロナが加速したことは調査結果からも読み取ることができる。

副業・兼業を始めたタイミングについて、全体の45・5%が「コロナ禍後」と回答して

副業解禁企業12社の運用制度に関するヒアリング調査報告書

おり、「コロナ禍後」の短期間でそれ以前のはるかに長い期間に迫るほど、多くの回答者が副業・兼業を始めているからだ。

またその一方で、**副業・兼業を解禁した企業においても約8割の社員は、本業以外の仕事に従事していないという実態**も見えてきた。

しかしながら今後、企業そして社員双方の意向として、副業・兼業に従事する人材はますます増えていくであろうし、企業は様々な制度を通じて副業・兼業への取り組みを後押ししている。

具体的には、副業・兼業を解禁している企業の取り組みについて、一般社団法人プロフェッショナル&パラレルキャリア・フリーランス協会（東京都中央区、代表理事：平田麻莉、以下「フリーランス協会」https://www.freelance-jp.org/）は、「副業解禁企業12社の運用制度に関するヒアリング調査報告書」を公開している（QRコード参照）。

タニタが実現する「社員とフリーランスのいいとこ取り」

ちなみに、ヒアリング調査対象となった企業の「参考」として株式会社タニタが紹介されている。
タニタは、計測器メーカーとして、またタニタ食堂などで有名だが、同社は副業・兼業という枠を超えた新しいかたちの働き方を推奨している。それが「日本活性化プロジェクト」だ。

このプロジェクトは、簡単に言えば、希望する社員がそれまでタニタ社員として従事していた同じ仕事を、個人事業主として請け負うことができるようにする仕組みである。

同社では、雇用契約から業務委託契約に切り替えることを希望した社員に対して、これまで会社が負担していた社会保険料も含め、人件費として計上していた総額をもとに報酬を払っている。したがって、手を挙げた社員の報酬は上がる。

ちなみに、雇用契約と業務委託契約の大きな違いは「使用従属性」にある。雇用契約を結んだ場合、雇用主は働き手「労働者」に対して安全衛生を確保し、労働時間等を管理するため指揮命令権を行使することができる。

一方、業務委託契約は、ある仕事の依頼主が、個人や事業者に対して報酬を支払うという形態であり、依頼主が働き手に指揮命令権を行使することはできない。

なお、タニタの業務委託契約は、報酬も2本立てで、「基本業務」に対しては「基本報酬」（固定）が、「追加業務」に対しては「成果報酬」（変動）が支払われる。追加業務には、当然タニタ社内の業務もあるし、社外の業務を引き受けてもよい。特に追加業務は、「やってもやらなくても同じ報酬」から「やったらやっただけの報酬」となり、報われ感は強くなる。

ほか、契約期間は基本的に複数年で、1年ごとに更新する。したがって、依頼主または個人事業主のどちらかが、契約を更新しない旨を意思表示した場合にも、契約で定めた年数に至るまでは契約が存続する。これにより、個人事業主は急激な収入減を回避することができるし、タニタも業務維持、継続を担保することができる。

要は「社員とフリーランスのいいとこ取り」を志向したものであり、実際同社の役員もこのプロジェクトに参画している。

知人の役員によれば、「試行錯誤の面もあるし課題もありますが、雇用関係にある社員も、プロジェクトに参画している私のような個人事業主も概ね納得し、満足して働いていますす」とのことだった。なお、タニタの働き方についてより詳しくは、『タニタの働き方革命』（日本経済新聞出版）をご参照されたい。

「社外での経験」を管理職昇進の前提にする大手企業

ここで話を、タニタ社から副業解禁企業12社に戻す。「副業解禁企業12社の運用制度に関するヒアリング調査報告書」では、企業が副業を解禁する理由のひとつに「④前向きな退職支援」を挙げている（図表4）。

これは日本人の高齢化（平均寿命の延伸）、労働力人口の不足、企業競争力の維持（収入の補塡）、シニア世代の活性化、生きがい（生きる目的）の保持など、国情を踏まえた企業と社員、双方の背に腹はかえられぬ事情や意向をくみ取った本音であると言えよう。

また中には、副業を昇進の条件（？）にしている企業もある。

【課長昇進、出向・副業経験を前提に　三井住友海上――新事業の開拓促す】

三井住友海上火災保険は出向や社外での副業など「外部での経験」を社員が課長に昇進するための前提にする。大手企業で管理職の昇進に外部経験を課すのは珍しい。出向などで得た知見や人脈を社内で生かし、新たな事業の開発を促す。損害保険は主力の火

■ 図表4 企業が副業を解禁する理由

❶ 優秀な人材の採用とリテンション

- 優秀な人材を採用するためのアピールポイントに
- 優秀な社員を繋ぎとめるために副業の選択肢を提示

❷ 人材育成

- 専門性やスキル向上のための練磨
- リーダーシップ体験や経営者視点の会得

❸ オープンイノベーション促進

- 社外での経験や人脈を事業に活かしてもらう
- イノベーションマインド、起業家精神の醸成

❹ 前向きな退職支援

- 65歳以上も自立して「90歳まで稼げる人材」の育成
- 役職定年制導入と併せて副業解禁し、セカンドキャリア模索を推奨

出所：一般社団法人プロフェッショナル＆パラレルキャリア・フリーランス協会
2019年度 パラレルキャリア推進プロジェクト
「副業解禁企業12社の運用制度に関するヒアリング調査報告書」より

災や自動車保険の成長が頭打ちになっており、多彩な人材の育成や外部との連携強化が課題になっていた。

出典：日本経済新聞電子版
2022年1月23日

なお、あくまで副業、出向などの社外経験は「推奨」であり、2030年度の本格導入時も社外経験がない人材は昇進できないわけではないようだ。だが、いずれにせよ、社外経験の推奨は人材流出のリスクと表裏一体である。

筆者は、企業から次世代リーダーを養成する凡そ半年から1年にわたる能力開発を請け負うが、期間終了後に受講者の一部が主催企業を辞めて、転身していく

のを講師の立場で何度も見てきた。

このような能力開発では、直接社外経験を積むこともあるし、社外経験に相当するような様々な調査分析等も行う。

それに加えて、たとえば副業を通じて、ある種の成功を体験をしてしまったら、果たして現に帰属する企業の課長昇進に魅力を感じるか疑問が生じるし、当該企業に止まる積極的な理由や必要性もなくなるかもしれない。

しかしながら、当該リスクを冒しても「本業での貢献／好影響に期待」する企業が増えているのは間違いない。

これは何を意味するのかといえば、昨今副業・兼業を解禁する企業は、単に社員の働き方について多様性を認める、権利を与えるようなものではなく、**企業の側にも背に腹はかえられぬ事情がある**ということである。

日本人会社員、なぜ世界一不安で、不満で、不幸か

かねてより就業規則において、労働者の遵守事項として「許可なく他の会社等の業務に

従事しないこと」などという規定を掲げるのは、『日本国憲法が定める『職業選択の自由』に抵触する」と言われていた（様々な例外を除く）。

しかしここにきて、厚生労働省が副業・兼業の促進に関するガイドラインを示すほど、日本人の働き方は変わろうとしている。

その一方で、なぜこうも日本人のキャリア選択における満足度は低いのか。「ランスタッド・ワークモニター２０２１年下半期ＴＯＰＩＣＳ」によれば、日本はキャリア選択の満足度と今後の目標設定において、最下位という結果になっている。

■日本はキャリア選択の満足度と今後の目標の設定において最下位の結果に

今回の調査において、日本がグローバルの平均と比較して下記３項目で大きな乖離が見られ、調査対象の34の国と地域の中で最下位を記録しました。調査結果は以下の通りです。

- 自分のキャリアにおける選択に満足している（グローバル平均84％、最下位：日本67％）
- コロナ禍で自分個人の目標がより明確になった（グローバル平均73％、最下位：日本42％）
- コロナ禍で仕事上の目標がより明確になった（グローバル平均72％、最下位：日本40％）

（図表５）

■ 図表5 日本人は、自分のキャリアへの満足度が低い

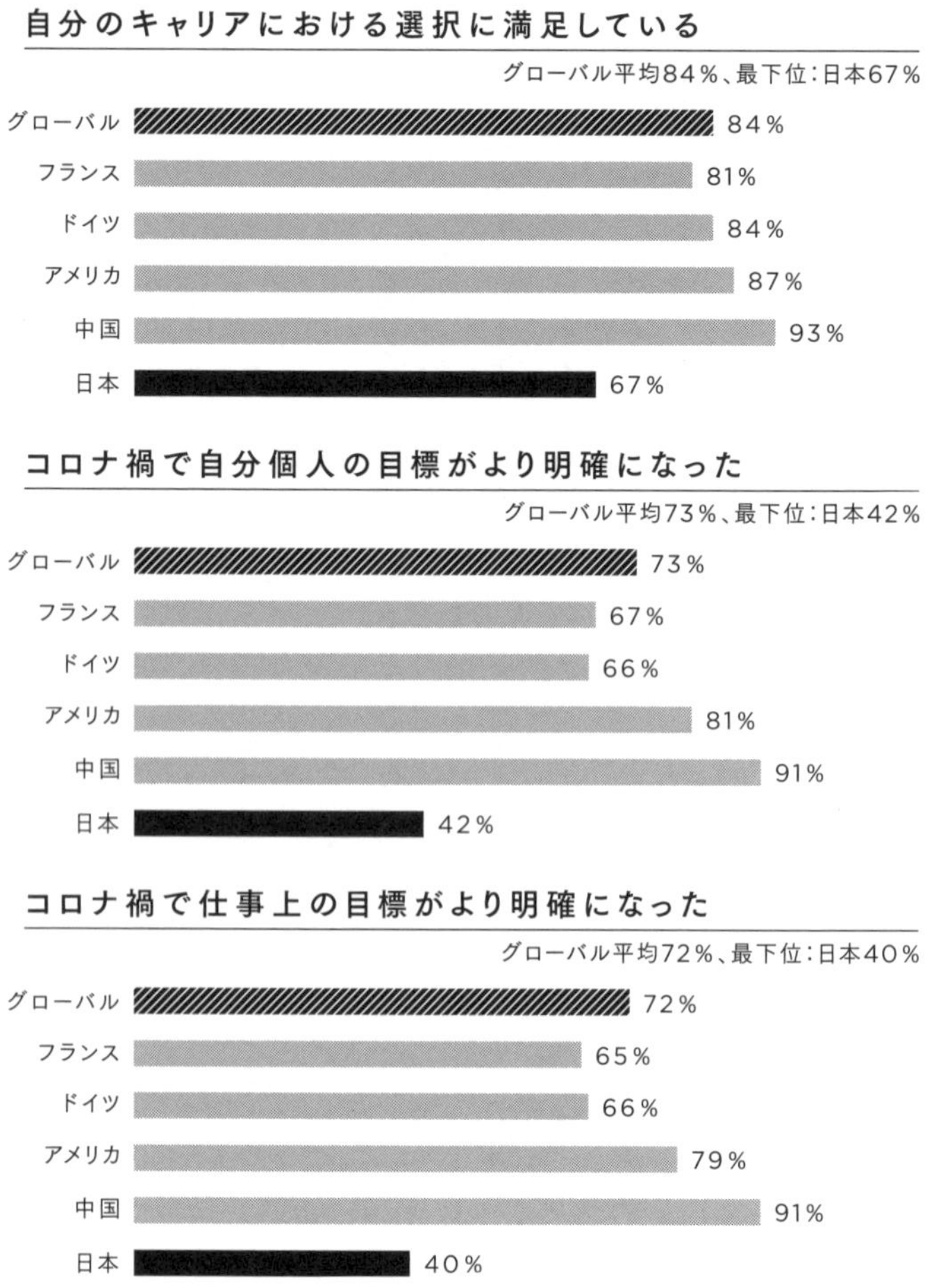

調査概要
日時：2021年8月23日から9月12日
対象地域：ヨーロッパ、アジアパシフィック、アメリカ大陸の世界34の国と地域
年齢：18～65歳
職業：週24時間以上の勤務をする労働者（自営業を除く）
対象数：2万7,000名
最小サンプル数：800名（各市場）

出所：ランスタッド・ワークモニター 2021年下半期TOPICS

ほかにも、たとえば国際機関・世界経済フォーラムの記事では「日本人会社員の不幸度は、国際的な職場調査のもはや定番のようなもの」と記されているし、また、他の国際調査からも「**日本人労働者≒世界一不安で、不満で、不幸**」の実態を読み取ることができる。

ではなぜ、そのような実態となってしまったのか。これはどうやら日本人の多くが生まれ持った遺伝子と関係があるようだ。

セロトニンという脳内の神経伝達物質をご存知だろうか。この物質は、ストレスに対する効能があり、幸せホルモンのひとつとして知られている。一方、この物質の分泌量が減ると人は不安を感じたり、気分が落ち込んだりする。そして、セロトニンの分泌量を左右するのが「セロトニントランスポーター遺伝子」だ。この遺伝子にはセロトニンの分泌量が少ない「S型」(ショート)と、分泌量が多い「L型」(ロング)の2種類があり、その組み合わせによって、「SS型」「SL型」「LL型」の3つに分かれる。

SS型遺伝子をもつ人：不安を感じやすい
SL型遺伝子をもつ人：中間
LL型遺伝子をもつ人：楽観的である

このように不安を感じやすいかどうかは、ある程度、遺伝により生まれつき決まっている。ちなみにL型を多くもつ人種は次のような順位となる。

アフリカ人 ＞ アメリカ人 ＞ アジア人

中でも日本人はSS型が最も多く、全体の約7割を占めているため、つまりは不安を感じやすい、心配性な民族だと言えるのだ。

では不安や心配性は、仕事の満足とどうかかわってくるのだろうか。これについて、『ブルシット・ジョブ――クソどうでもいい仕事の理論』にそって考察したい。

なぜ「どうでもいい仕事」は2000年代から増えたのか

少し前になるが、同書について書評の執筆を依頼されたことがあった。

2020年7月『ブルシット・ジョブ――クソどうでもいい仕事の理論』(デヴィッド・グレーバー著、酒井隆史・芳賀達彦・森田和樹訳、岩波書店)の邦訳が発売され話題となっている。

残念ながら、このように刺激的な著書を世に送り出したアメリカの文化人類学者デヴィッド・グレーバーは同9月に59歳の若さで急逝した。同氏は2011年9月17日、アメリカ合衆国の憲法記念日にニューヨークで始まった「オキュパイ・ウォールストリート(OWS=ウォールストリートを占拠せよ)」運動で指導的な役割を果たした人物でもある。彼はこの運動で「私たちは99パーセントです」というスローガンを生み出したことでも知られている。

実際、この運動がどういう背景事情により行われたかは後述するが、ここで端的に解説するとすれば、資本主義経済が人類をとてつもない所得格差に陥れたということだ。

彼はそんな所得格差をうみ出した資本主義を否定し、無政府主義の立場をとる。

そして、彼は同書において、ブルシット・ジョブに振り回されるビジネスパーソンの声を代弁し、シット・ジョブにつくビジネスパーソンの所得の低さに怒りの声をあげるのだ。

では、先ずここでブルシット・ジョブとシット・ジョブについて説明しておきたい。

「ブルシット・ジョブとは、被雇用者本人でさえ、その存在を正当化しがたいほど、完璧に無意味で、不必要で、有害でもある有償の雇用の形態である。とはいえ、その雇用条件の一環として、本人はそうではないと、とりつくろわなければならないように感じている」

また、彼はこうも言及している。「ブルシット・ジョブはたいてい、とても実入りがよく、きわめて優良な労働条件のもとにある。ただ、その仕事に意味がないだけである」

彼は、ブルシット・ジョブをこう定義した上で、具体的に5つのタイプのクソどうでもいい仕事を挙げている。

一　取り巻きの仕事：誰かの権威を見せつけるような仕事。具体例・受付、ドアアテンダント

二　脅し屋の仕事：他者との勢力争いの上に成り立つ、誰かを脅迫する要素をもつような仕事。具体例・軍隊、企業弁護士、広報の専門家など

三　尻拭いの仕事：誰かのまたは組織の欠陥を穴埋めするような仕事。具体例（図表6）

四　書類穴埋め人：本来必要のない書類を作成し、保管するような仕事。具体例（図表6）

五　タスクマスター：本来は必要でない人を管理したり、その人達のために余分な仕事を作ったりする人。具体例・中間管理職、リーダーシップ専門家

■ 図表6　そこにあるブルシット・ジョブ

多過ぎる承認・決議	多過ぎる電話対応	度重なるデータの移しかえ
社内顧客への過剰なサービス	余分な重複した仕事	不明確な責任と権限の流れ
ヒマな人と忙しい人	頻繁な業務の手戻りや変更	使用されない帳票・フォーム
社内顧客との多過ぎる接点	積み重ねられた書類の山	IT操作に付帯する多過ぎる手作業

一方、「シット・ジョブはふつう、ブルシットなものではまったくない。つまり、シット・ジョブは一般的には、だれかがなすべき仕事とか、はっきりと社会を益する仕事にかかわっている。ただ、その仕事をする労働者への報酬や処遇がぞんざいなだけである」

この具体例は、コロナ禍で市民のために働いているゴミ収集作業員、配送ドライバー、またケアワーカーなどだ。かつて3K（きつい、危険、きたない）といわれた仕事もシット・ジョブに該当するだろう。だが、シット・ジョブの多くは社会や市民、消費者から必要とされ、当該業務に従事する者も総じてやりがいを感じていると彼は説く。

だが、彼らはその日暮らしに近く、（仕事に対する使命感もあるだろうが）現場から離れることができないため、ウォールストリート占拠運動に参加できなかったというのだ。

ここまで解説した上で、いったんブルシット・ジョブとウォールストリート占拠運動を分けて考えたい。

先ず、ブルシット・ジョブ運動がなぜ生まれるかだ。筆者も多くのブルシット・ジョブを経験してきた。そしてこのような仕事は、ある意味で安定した仕事が提供される大きな組織に多く存在するように認識する（このような組織における仕事のありようを、グレーバー氏は経営封建主義と言っている）。

そのような組織で、どうでもいい仕事が発生する一因は、リスクマネジメントだ。

そして、企業や組織を取り巻くリスクは、増え続ける一方で減ることはない。

これは、ますます複雑化し、過去の延長線上に未来が見えない社会環境、経営環境に対応すべく、損害保険商品の数がますます増えていることからも分かる。そんなリスクマネジメントは、企業やそこで働く社員にとってとても厄介だ。なぜなら、リスクマネジメントとは「まさかのときのための莫大なコストと手間」と揶揄したくなるほど、多くの手続きや膨大な作業を企業や社員に押し付けるものだからである。

まさかのときはめったにやってこないが、しかしながら、リスクを放置しておくことはできない。筆者も2000年以降、リスクマネジメントという言葉が日本に輸入されてから、ブルシット・ジョブが増えたと感じた。

試しに、グレーバー氏が指摘するクソどうでもいい仕事を、リスクと結びつけて考えてみてほしい。

次に、ウォールストリート占拠運動について、その背景事情を詳しく解説したい。これは現在、アメリカにおいてたった1％の国民が、同国すべての財産の約40％を占めるという事実だ。

またこんな事実もある。２０１９年時点で世界の人口は77億人であるが、財産という観点でランキングした際、上位26人の資産家と下位38億人の保有する財産は、ほぼ同じであるということだ。このような格差を是正するために、99％の国民よ立ち上がれというのが、この運動の背景にあった。

それでも日本人が
ブルシット・ジョブから逃れられない理由

さてここで、ブルシット・ジョブとウォールストリート占拠運動を結びつけて、我々の仕事や未来というものを考えてみたい。

まず現在、多くの国において、仕事はその人の生存と結びついているということだ。また、需要と供給の関係だけで言えば、その人の仕事が他の人には代替できない、すなわち代替可能性が低く、希少価値の高い仕事ができる人に、より高い報酬が支払われる。少なくとも資本主義経済下では、基本的にそのような力学が働く。

では、そのような経済活動の基本思想を否定し、仕事と生存（仕事がないと飢えて死ぬ）とを切り離すとすれば、計画経済を前提とする社会主義を採用するか、グレーバー氏が支持する**無政府主義**[1]を選択すればよい。

第二次世界大戦後、経済活動の大前提をどう選択するかで、世界は東西冷戦、日本においてもレッドパージ（共産主義者追放政策）が行われるなど、思想をめぐり人々は激突することになった。だが、結果として多くの国は、計画経済も無政府主義も選び取ることがなかった。**人には欲望があり、頑張っても頑張らなくても取り分は同じというシステムに魅力を感じなかった**のだ。

そしてもう一つ、無政府主義の定義である「個人の完全な自由」と仕事であるが、ある意味で個人がブルシット・ジョブを減らすのは簡単だ。大企業から中小企業へ、もっと言えば個人で仕事をすればよい。

「大企業勤めからフリーランスになり、管理業務が著しく減った」という経験をされた読者もいることだろう。

だが、だ。**人は自由を必ずしも欲していない。**

自由には当該個人の生存をも含めた責任が伴う。愛する家族を養っていればなおさらだ。そして、この責任を取り切れないかもしれないと当の本人が認識し、自由から逃走するのである。

したがって、引き続き現在の社会秩序に従うとすれば、**人間の職業選択は「自由」と「恐怖」と「欲望」の3つの軸のどこかにプロットされる**のだ。

なお、これはデヴィッド・グレーバー氏の理論を否定するものではない。氏が存命であれば、行き過ぎた資本主義について大いに議論し、その前提条件をどう修正していくか、結論の方向性を見守りたかった。故人の冥福を祈る。

本執筆の機会にあらためて書評を読み返したが、日本人という民族がもつ性格傾向（リスクに不安を感じやすい、心配性）、だからブルシット・ジョブ、そのために仕事の不満足、不幸という風に確かな因果関係を見て取ることができそうだ。

1　ちなみに無政府主義という単語には次のような解説がなされている。
「国家をはじめ一切の政治権力を否定し、個人の完全な自由およびそうした個人の自主的結合による社会を実現しようとする思想。プルードン・クロポトキン・バクーニンらに代表される。アナーキズム」
出典：『大辞林　第3版』

ゼロリスク症候群に囚われた会社員の危機

ちなみに最近では、職場において「ゼロリスク症候群」という言葉が使われるようになった。

ゼロリスク症候群という言葉は、かつてBSC（狂牛病）問題が起こった際、専門的リスク評価が低いにもかかわらず、消費者の牛肉離れが止まらなかったことで、社会一般にも知られるようになった。そして、その症状は次の3つにまとめることができる。

①リスクがゼロという状態が存在し、リスクはゼロにすることができると信じている。
②どんなに小さいリスクであっても、ゼロではないリスクを許容することができない。
③リスクがゼロでない限り、ベネフィットやリターンについて考えることができない。

ちなみに、『「ゼロリスク社会」の罠　「怖い」が判断を狂わせる』（佐藤健太郎著、光文社新書）P28〜33では、ハーバード大学のリスク解析センターが発表したリスク認知因子10カ条を紹介している。

■リスク認知因子10カ条

①恐怖心
②制御可能性
③自然か人工か
④選択可能性
⑤子どもの関与
⑥新しいリスク
⑦意識と関心
⑧自分に起こるか
⑨リスクとベネフィット（利益）のバランス
⑩信頼

なお、10カ条のタイトルに関する筆者の読み取りを簡単に解説するが、より詳しくは同書をご参照いただきたい。

①恐怖心は、発生確率が極めて低くても、仮にそのような事態に直面したら感じるであろう恐怖心が、リスクをより強く感じさせるということである。たとえば変質者に遭遇し、刃物で刺される確率は低いはずだが、想像力がリスクを感じる程度を高めるということである。

②制御可能性は、リスクにかかわる事態を、自らコントロールできるか否かにより、リスクをより強く、もしくはより弱く感じることを指す。同著者は、自動車を自ら運転するか、他人に委ねるかにより、他人の運転をより怖がるという事例を挙げている。

③自然か人工かは、我々消費者が、たとえば自然物で食あたりするよりも、人工の食品添加物を摂取したり、ワクチンを接種したりすることにより被る損失に、過剰に反応することを指す。

④選択可能性は、自分でリスクを選び取るか否かにより、リスクを感じる程度が異なることを指す。当然、自分で選び取ったリスクについて、その程度は弱い。

⑤子供の関与は、自分の子供に関わることについて、親はリスクをより強く感じることを指す。

⑥新しいリスクは、我々が未知のリスクを高く見積もる傾向にあることを示す。

⑦意識と関心は、メディアで大きく報道されるような事件、事故などについて、我々はリ

スクを強く感じる。航空機事故が発生する確率は、自動車事故が発生する確率より相当低いが、航空機事故に関する報道は印象に残りやすいなど。

⑧自分に起こるかは、自分に関係のあること無いこと、起こり得ること起こり得ないことにより、リスク認知は変わるということである。

⑨リスクとベネフィット（利益）のバランスは、リスクに対してベネフィットが望めないような場合、誰もそのリスクを取ろうとはしない。一方、相応のベネフィットが望める場合、人はそのリスクを低く見積もる傾向がある。

⑩信頼は、我々をリスクにさらす相手、またはリスクを説明する者に対する信頼の有無や程度により、我々のリスク認知は異なるということだ。

これらのリスク認知に対して理性的、合理的に対処する方法はあるはずだが、その第一歩である「リスクを取ろう」とする意思は、当事者が「リスクを取る」という意思決定をする以外、誰も当人に教えることができないし、当人も誰からも学ぶことができない。

一方、**ゼロリスクをかたくなに主張するほうが、仕事に求められる「判断」「承認」そして「責任を取る」という行為を回避するという意味で、短絡的には楽**なのだ。

これは、元陸上選手の為末大氏がＳＮＳで発信した世間の「何かあったらどうする症候群」とも言いかえることができるだろう。

このような、ゼロリスク症候群という幻想に囚われた上司、もしくは部下と仕事をするストレスは推して知るべしである。

また一方で、このような囚われを尻目に、リスクを取り、またリスクの取り方をも学びながら、着実にリターンを蓄積していく会社員も確実に存在する。

そして、その格差は開くばかりだ。

「フリーランス白書」が僕たちに突き付けたもの

ちなみにフリーランスを含む、すべての働き手のうち会社員の特性を簡潔に表現するとすればこのようになるだろう。

安定と従属

■ 図表7 会社員はワークエンゲージメントが低い

ワークエンゲージメント

● 回答者の平均値は、会社員2.40、フリーランス4.01と大きな差があった。

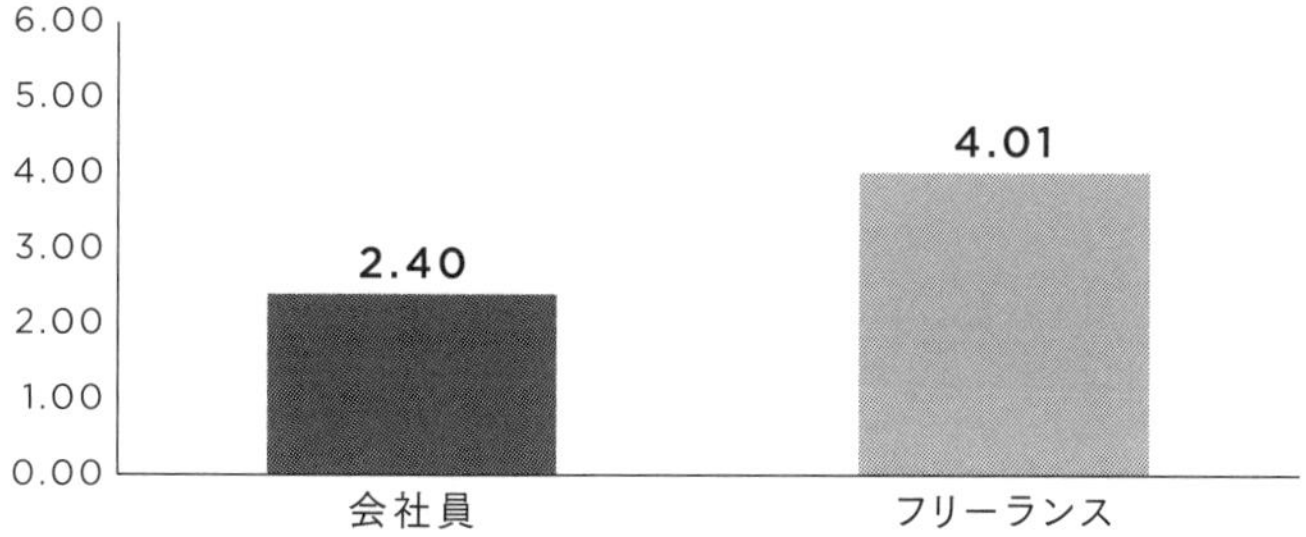

注：尺度は7件法で6が最大値
フリーランス：N＝869　会社員：N＝1,030
t（1816.60）＝31.67，p＜.001
出所：一般社団法人プロフェッショナル＆パラレルキャリア・フリーランス協会
「フリーランス白書2019」

安定そして従属とは、それぞれ主観的で、幅広く解釈できる言葉であるし、会社員はどう、フリーランスはこうと簡単に当てはめることができず、結局働き手の誰もがその解釈の幅のどこかに位置づけられることは重々承知している（ちなみに安定と従属の対義語は、変動と独立だ）。

では、職業に対する満足はどうだろうか。

以降の調査結果は、一般社団法人プロフェッショナル&パラレルキャリア・フリーランス協会（東京都中央区、代表理事 平田麻莉、以下「フリーランス協会」）が、フリーランスと会社員に対する実態調査を行い、その結果を「フリーランス白書2019」としてまとめたものである。

同調査では、会社員とフリーランスのワークエンゲージメントを比較しており、結果は会社員のワークエンゲージメント[1]がフリーランスに比べ、相当低い値となった（解答者の平均値は、会社員2・40、フリーランス4・01と大きな差があった）（前ページ図表7）。

1　ここでワークエンゲージメントとは、仕事に関連するポジティブで充実した心理状態を「活力」「熱意」「没頭」という3次元から構成し、かつ所属する組織への愛着に限定される概念ではないため、その点において一般的なエンゲージメントという概念とは異なる。

勤続20年以上の会社員が失ってきた能力

では、その理由であるが、一連の統計分析から、フリーランスは会社員より「自らの専門性について意識しており、職業的自己イメージを有しており、主体的にキャリアを形成している」から、ワークエンゲージメントが高いということが分かった。

結局、勤続20年以上の会社員は、この20年で何を得て何を失ったのか。より正確には、どのような能力が弱化したのか。

それは、「安定と従属」の対義語である「変動と独立」への適応能力である（そして、この適応能力とワークエンゲージメントには有意な相関性がある）。

安定と従属 ➡ 変動と独立：（求められるもの）職業に対する主体性、自律性

職業に対する主体性、自律性 ➡（得られるもの）ワークエンゲージメント

ただし一方で、ワークエンゲージメントの高低などをまったく問題にしない職業観もあるし、あってしかるべきだ。

これまでは、あくまで統計分析として、仕事や社会貢献活動と生きがい（生きる目的）の相関性を論じてきたが、そもそも仕事を生きがいに結びつけるか否かは個人の選択であって、「単に生活の糧、生きる手段であると割り切ってしまって何が悪い」という見方も当然ながらある。

コロナ禍がもたらした働き方の変化

コロナが、個人や家族の生活スタイルや役割分担を、大きく変えたことは間違いない。

このコロナ禍、わが家ではそれまでなかったことだが、妻が外に働きに出て、夫（筆者）は在宅で仕事をし、家事の一部を分担している。

２０２０年の4月にちょうど子供が小学校にあがり、わが家の引っ越しも一段落したころ、妻がまた外に働きに出ることを決めた。ちょうど、コロナの感染拡大という世界情勢と日本の神奈川県横浜市に居住するイチ家庭の諸事情が重なり、日々の仕事や家事に関する役割分担やスタイルが、いわば劇的に変わったのだ。

具体的には、夫が今週はどの部屋から順番に掃除機をかけるかを決めて作業にかかり、時には床を水拭きする予定も立てる。夕方には妻が干していった洗濯物を取り込み、学校帰りの子供におやつを食べさせ、日中は吠えるか寝るか食べるか（庭で）出すかしている犬の散歩を済ませてから、夕食の支度をする。日常のゴミは、妻が出勤の道すがら所定の置き場に捨てて、そのまま駅に向かう。段ボールなどの日は夫が手伝う。

ちなみに風呂掃除は子供の仕事だ。

そして、夫が分担する一日の家事は、夕食の後片付けと明日の仕込みを済ませることで完了する（と、これらを例えばオンライン研修の講師をしながら、研修開始前と終了後、休憩時間等をフル活用して行う）。

ザッと日々の生活を振り返ったが、このような毎日が、いまやすっかり定着しつつある。

では、おおよそコロナ前、2019年の生活はどうだったのか。

夫は、とにかく公共交通機関を利用した移動に追われる生活をしていた。朝早く出かけていき、日中の仕事を済ませ、その足で新幹線か航空機に乗る。移動時間も仕事をし（執筆中の新刊ゲラ刷りをチェックしながら寝落ちしてしまい、通路に紙束をばらまいたことが何度かあった）、前泊先のビジネスホテルには終電のおおよそ2時間前に到着、居酒屋のチェーン店を頼りに夕食をとる（かつて、地元ならではの飲食店を検索して訪ねたこともあったが、しょせん筆者のような新参者が、一時でもその場に溶け込むことは難しいと遠い昔に諦めた）。

そんな毎日を過ごしながら、常に考えていたこと、それは何をおいても訪問先をけっして間違えず、かつ、決して遅刻せず（より正確に言えば、イベント開始30分前には）現場に到着していることだ。そして、無事に到着しさえすれば、その日の仕事の多くは片付いたと言ってしまっても決して過言ではない。

ほんの3年前まで、筆者の日常は、このような強迫観念が仕事の範疇を超えて生活を支配し、実体も定かでない何かにせかされながら一年など瞬く間に過ぎていく、そのような暮らしぶりだったのである。

そんな筆者は、いま日がな一日家にいて内容としては同じ仕事をしながら、これまで妻におんぶに抱っこの状態だった家事を分担している。さて、この夫が直面している状況の劇的な変化、読者にとってこの変化は快適だろうか、苦痛だろうか。

「働かない方法」の指南書が教えてくれること

やや話は逸れるが（というよりは、やや前置きが長くなり過ぎたが）、ここ数年書店に並ぶ書籍には、〝働かない方法〟を指南するかのような内容のものが見受けられる。たとえば次の3冊だ。

①『あやうく一生懸命生きるところだった』
②『今日も言い訳しながら生きてます』
（ハ・ワン＝文・イラスト、岡崎暢子訳、ダイヤモンド社）
③『昼スナックママが教える45歳からの「やりたくないこと」をやめる勇気』
（木下紫乃著、日経BP）

先ず①と②だが、著者であるハ・ワン氏は、40歳を前にして何のプランもないまま会社を辞め、「一生懸命生きない」と決めた。それまで〈頑張って！〉〈ベストを尽くせ！〉〈我慢しろ！〉という投げかけに懸命に応えてきたが（少なくとも、応えようとしてきたが）、それで幸せになるどころかどんどん不幸になっている気がする……そんな抑えがたい思い、身体が訴える疲弊感が、氏にこれまでの自分や自分を縛り付けていた環境と決別させた。

次に③は、「昼スナブーム」の火付け役としても知られている木下紫乃氏（紫乃ママ）が同スナックの主な来店客層である40代、50代に向けて書いたものだ。

紫乃ママは本書でこんなことを言っている。

スナックママとして3年半、実にさまざまな人にお会いして、私たち世代の考え方にはやっぱり「傾向」があることに気が付いたの。一つは「自分には何もない」と思い込んでいること。もう一つは、自分で長年かけてつくってきた窮屈な「枠」に自らハマってしまっていること。そして、そんなもやもやを相談できる安全な相手が案外いないということです。

出典：『昼スナックママが教える45歳からの「やりたくないこと」をやめる勇気』（木下紫乃著、日経BP）P4

これら3冊を含め、〝働かない方法〟を指南している（と感じられる）本が扱うテーマの多くは、実は働くことをやめてしまう方法を論じているのではないということだ。

確かに、仕事をより効率的に進める方法、仕事のムリ・ムダ・ムラを省く方法など、仕事の範囲を視える化し、そのやり方を改善することで、働く時間を劇的に短縮するための考え方やノウハウをまとめた本はたくさん出回っている。

実際、筆者も『「もう、できちゃったの⁉」と周囲も驚く！ 先まわり仕事術』（ダイヤモンド社）や先に挙げた『働かない技術』などで働かない方法を書いた。

内容としては、目先の仕事をどう効率化するかということや、欧米企業と日本企業におけるそもそもの労働観の違い、働き方の具体的な違いを解説した上で、改革の方向性を論じたりしている。

しかしながら、拙書で働くことそのものを否定したことはないし、他書の多くも同様だと、筆者はそう考えている。

では〝働かない方法〟の指南書は、読者に何を伝えようとしているのか？

それは、他人から押し付けられた仕事は勿論、本人の意に沿わない、好きになれない、やる気がでない、もしくは苦手意識が拭えない仕事や（対人関係をも含めた）働き方をわざわざ選択しない方法。もしくは現にそのような仕事や働き方を強いられているのだとしたら、その状況に甘んじることなく、理想を探求するための方法を指南しているのではないだろうか。

ここでキャリアという言葉に触れたが、キャリアとは単なる職務経歴にとどまるものではない。キャリアとは、イチ個人の生きざま（必ずしも生きがいではないし、生きがいと結びつける必要もない）を表現する言葉でもあるのだ。

確かに、個人の生きざまなどは、当人の自由意思により選び取るものであり、他人がその是非を軽率に論ずるような代物ではない。しかしながら、自分の生きざまを外に向けて発信したり、他者から引き出したりすることはできる。他の誰もが同じ自由をもっているように。

そして、ここで挙げた2人の著者が、キャリアの中心に据えている価値観が**「自分の基準で心地よく生きる」**ということなのだ。

「キャリア＝サバイバル」という刷り込みから逃れる

ただ、キャリアというものは単にカネを稼いで生きていくための手段、サバイバルの手段としてのみ捉えている個人にとって、この価値観を受け入れることはなかなか難しい。確かに、人はサバイバルだけのために生きているのではないが、サバイバルできなかったら自分らしく生きていくこともできないからだ。

そして、多くの職業人が、「キャリア＝サバイバル」という価値観の一側面のみを強く刷り込まれてきた。それは、これらの著書に対するカスタマーレビューを眺めてみれば、よく分かる（特に評価の低いレビューについて）。

いずれにせよ、紫乃ママが想定したような読者層（筆者も含めた40代、50代）には特に、これまで刷り込まれてきたキャリア観を見つめ直すための、いわばリハビリが必要なのである。

これについて紫乃ママは意識的に3つの場をもうけて人生のバランスをとれと言っている。では、3つの場とは具体的にどんな場なのだろうか？

■人生のバランスをとる3つの場

①すぐにお金になる場……勤務先など今の会社
②興味があることをやる場……ボランティアや起業してる人の手伝い
③自分がやり続けたいことをやる場……趣味のコミュニティーなど

この3つの場とキャリアを重ね合わせて考えてみると、②と③はすぐにはお金にならないかもしれないが、いつかお金になるかもしれない、もしくはそこにある人間関係が（打算は抜きにしても）他の場である①②に役立つかもしれない。

40代50代を縛る「働くとはかくあるべし」

さて、ここでやっと長すぎた前置きについて、言い訳する機会を得た。

筆者は、このコロナ禍で、図らずも①以外の場を見つけたのだ。それは家事の存在である。

家事が②なのか、それとも③なのか、それは自分でも判然としないが、仮にコロナが沈静化したとしても、筆者は引き続き家事を楽しむ経営コンサルタントであり、講師であり、作家でありたい。

では、あらためて仕事とは、我々にとってどのような意味があるのか、我々はそれから何を得るのかを問うたときに、生きがい（生きる目的）と答える人もいれば、生活の糧（生きる手段）と答える人もいるだろう。

そして多くの人が、生きる目的と手段の間に自らの仕事をプロットするのだ。その際に自覚すべきは、前に挙げた「サラリーマンという生き方＝経済重視、中流意識、他律管理——勤勉、競争、犠牲、画一、忍耐」という刷り込みの価値観を、意識して見直すことだと感じる。

日本人は諸外国民に比べて自己肯定感が極端に低い（自分には何もないという思い込み）。そして、我々世代は特に「働くとはかくあるべし」「ジェンダーはこうあるべし」というような強い刷り込み（窮屈な「枠」に自らハマってしまっている）を受けてきた。

その強固な価値観を**「自分の基準で心地よく生きる」**ために再構築していくために、我々は何より広く見聞し、交流し、行動するよりほかに道を切り開く術はない。

そしてその過程は、自分なりの心地よさをさぐる楽しいものであるとよいのだが——。

日本人は「役に立つ」かどうかで自分への満足度が変わる

日本人は、諸外国民に比べて自己肯定感が低い。これは、前述のとおり日本人の約7割がセロトニン（幸せホルモンのひとつ）を最も少なく分泌する遺伝子「ＳＳ型」を保持していることにもよる。

では他と比べてどれくらい自己肯定感が低いのであろうか。

内閣府が外部に委託して実施した調査「我が国と諸外国の若者の意識に関する調査（平成30年度）」によれば日本人・若者の自尊感情は、過年度の調査結果同様、諸外国の若者に比べて著しく低い。これは日本、韓国、アメリカ、イギリス、ドイツ、フランス、スウェーデン（計7カ国）の各国満13歳から満29歳までの男女を対象としたものだが、データは次のような結果を示している（図表8）。

■【国別】Ｑ１（ａ）私は、自分自身に満足している

日本の若者は「私は、自分自身に満足している」という問いに対して「そう思う（計）」が45・1％、「そう思わない（計）」が54・9％である。ちなみに他国の若者は、いずれも「そう思う（計）」が70％を超えている。

■【国別】Ｑ１（ｂ）自分には長所があると感じている

また、日本の若者は「自分には長所があると感じている」という問いに対して「そう思

■ 図表8 日本人の若者の自尊感情は著しく低い

Q1（a）私は、自分自身に満足している

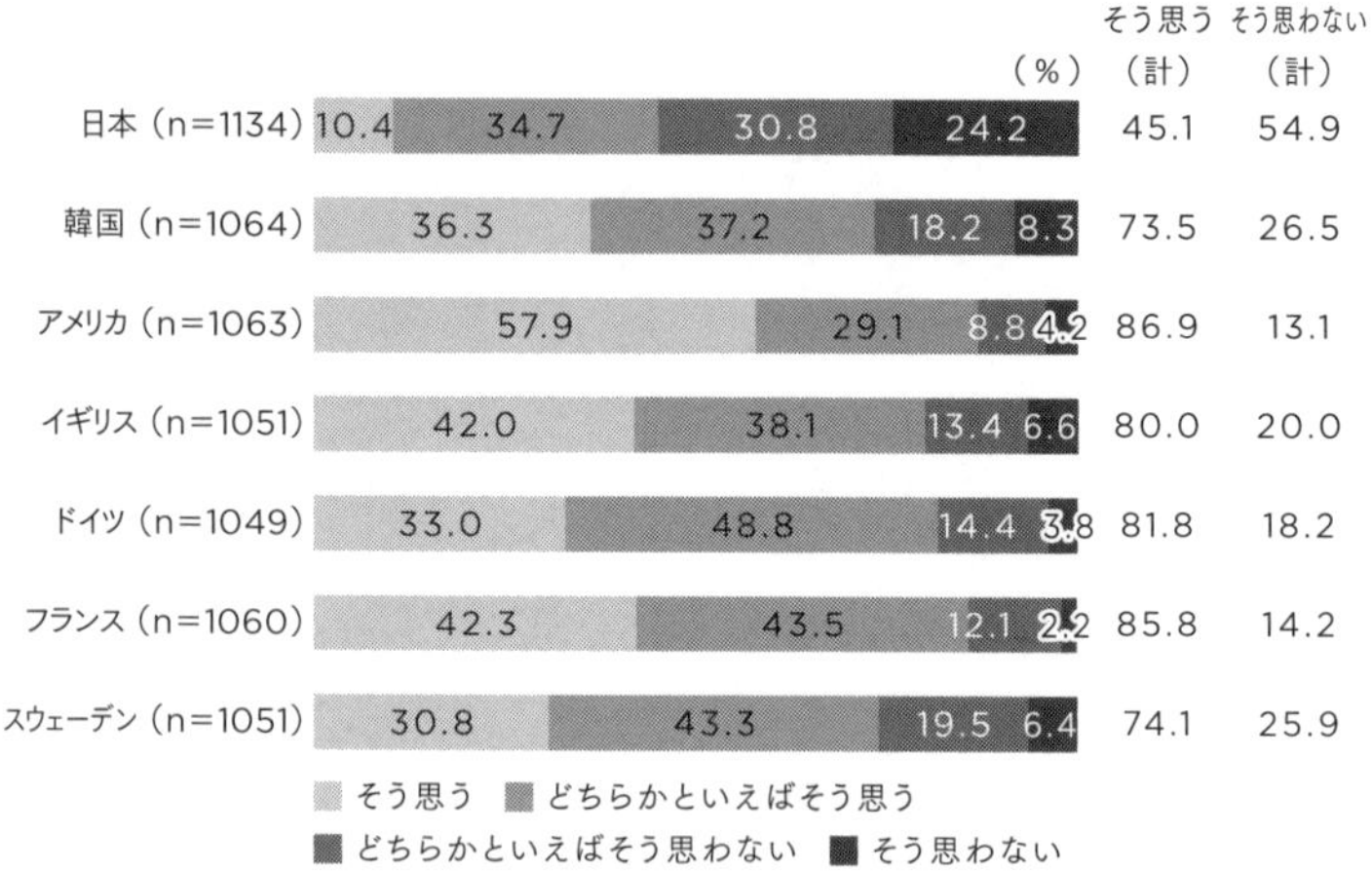

Q1（b）自分には長所があると感じている

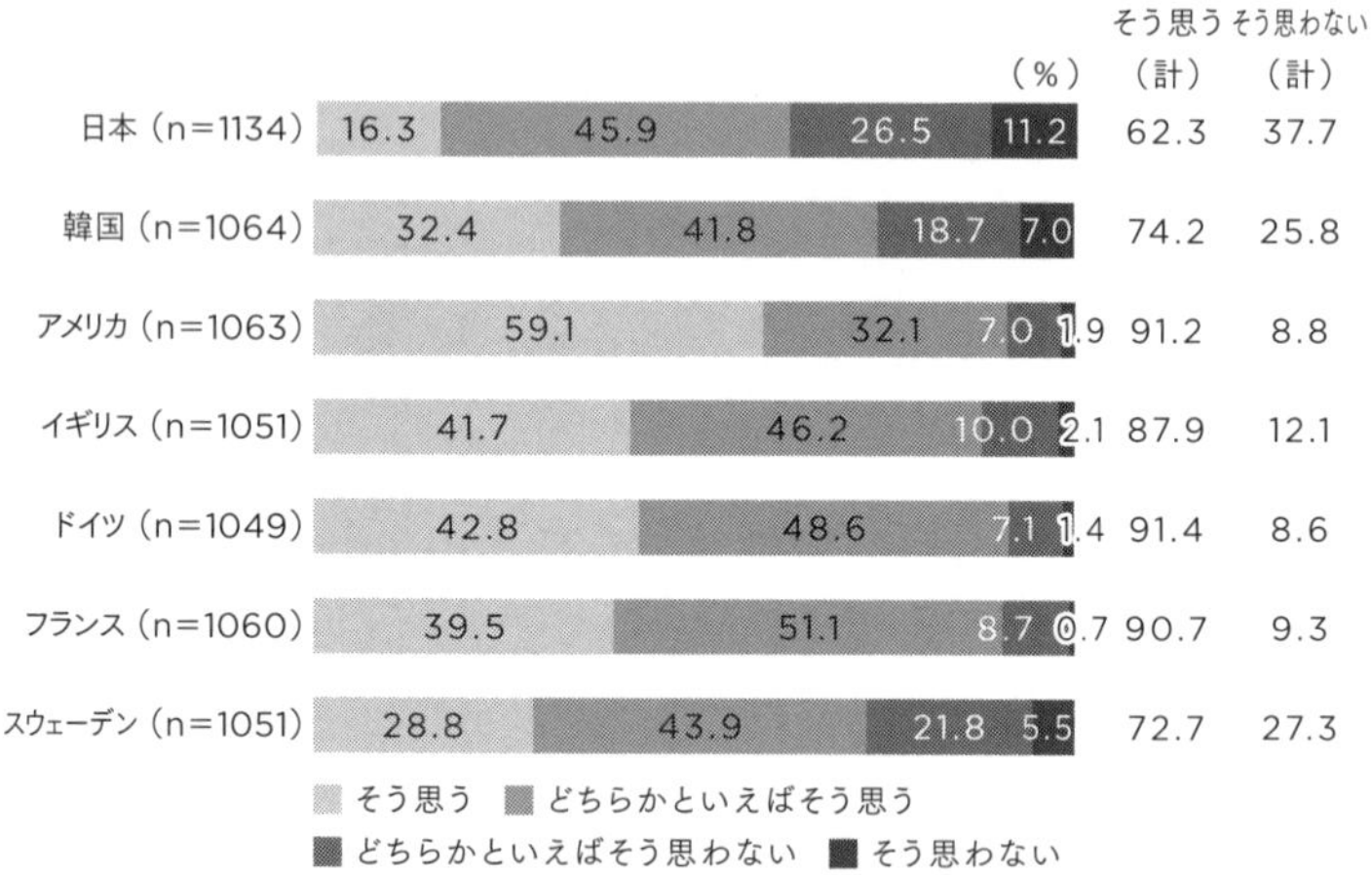

出所：内閣府「我が国と諸外国の若者の意識に関する調査（平成30年度）」

う（計）」が62・3％、「そう思わない（計）」が37・7％である。ちなみに他国の若者は、やはりいずれも「そう思う（計）」が70％を超えている。

■【国別】Q1（g）自分は役に立たないと強く感じる

その一方で、日本の若者で「自分は役に立たないと強く感じる」に、「そう思う（計）」と回答した者の割合は51・8％であり、これはドイツ、フランス、スウェーデンに比べると高いが、アメリカ、イギリスよりは若干低く、韓国と同程度であった。

なお、同調査「第3部 有識者分析」によれば、日本の若者は、「自分は役に立たないと強く感じる」に「そう思う」または「どちらかといえばそう思う」と回答した者ほど、「自分自身に満足している」に「そう思う」または「どちらかといえばそう思う」と回答した者の割合が低かった。これに対して、諸外国の若者に同様の関係は認められない。

つまり、**自分は人の役に立つと思っている者ほど、自分に満足する程度が高い**ということである。

その関連性の強さについては、この結果は、前回調査の結果と比較して低下してはいるものの、他国と比較して際立って関連性が強いという特徴は、前回調査に引き続き確認されるとのことである。

このような自己に対する満足、すなわち「自尊感情」とは、「自己に対して肯定的な評価を抱いている状態を指す」Self-esteem の日本語訳だ（文部科学省 国立教育政策研究所による定義）。そしてこの「自尊感情」と「自己有用感」とは異なる。

「自己有用感」（自分は役に立つ）とは「他者や集団に貢献し、他者から受容されることを通して、自分の存在を価値あるものとして受け止める感情」である（新潟県立教育センターによる定義）。自尊感情は、必ずしも他者や集団の存在を前提としていないのに対して、自己有用感は、自分が関わり合いをもつ他者や集団の存在を前提としている。

だが、この日本人に特有と言える自尊感情が揺らぎつつある。

ジョブ型の働き方と個人主義・集団主義

コロナにより急速に普及したテレワークだが、このような働き方に対して適切な人事評価を行うべく、ジョブ型の働き方が脚光を浴びることになった。

ジョブ型とは、企業と求職者が雇用契約を締結する段階で、ジョブの範囲とポストが明記され、固定されている欧米企業では標準的な働き方だ。そして欧米人は、常に特定の職種やポストでキャリアを積む。

それに対して、メンバーシップ型の働き方をとってきた日本企業では、現に同じ職種やポストで働いていたとしても、それまでの職務経歴がてんでバラバラなため、転職はもちろん副業や兼業においても、それまでのキャリアに応じた標準的なジョブというものを提示することができない。実際、このことも8割にのぼる会社員の副業・兼業選択を難しくしていることは間違いないと言えるだろう。

だが、その一方で、①ジョブ型の働き方が日本人の体質に合っているか、また②ＡＩと共存共栄していくうえで、理に適《かな》った優位な働き方かということも検討しなければならない。

では、ここでは①について、具体的には、欧米社会と対比して日本社会を特徴づける言葉を考察してみよう。

個人主義と集団主義

契約社会と関係性重視社会

先ず、欧米社会が拠って立つ個人主義は、日本国憲法を用いても説明することができる。

●日本国憲法第十三条「個人の尊重と公共の福祉」

すべて国民は、個人として尊重される。生命、自由及び幸福追求に対する国民の権利については、公共の福祉に反しない限り、立法その他の国政の上で、最大の尊重を必要とする。

ここで公共の福祉とは、「個人の人権がぶつかり合うような事態が起こった時に、相互に妥協してもらうこと、個人に一定の制約を受け入れてもらうこと」、そして公共の福祉に反しない限りとは、「他の人権を不当に侵害しない限り」ということを指す。具体的には、煙草について「喫煙権」を主張する個人と「嫌煙権」を主張する個人の対立などが当てはまる。

そして個人主義とは、公共の福祉に反しない限り、あくまでも個人の尊厳が守られなければならないということである。一方で集団主義とは、日本が戦前まで公にも採用してきた考え方であり、土着の村という社会や家族という単位、すなわち集団の利益が個人の尊厳や利益に優先することがあるとした。

なお、このような考え方の違いは、欧米人と日本人がそれぞれ営々と築き上げてきた働き方にも影響を受けている。

欧米人は狩猟民族で、日本人は農耕民族として生活を豊かにし、文化を築いた。狩猟民族は、集団で狩りをするが、やはり個人の能力差、リーダーの資質が狩りの成果に大きく影響する。これに対して農耕民族は、個人の力量よりも集団の統一性、規律性が成果に大きく影響する。

このように、欧米人と日本人では文明、文化的背景が大きく異なる。だが、戦後に制定された日本国憲法では、第二十四条で「家族生活においては、個人の尊厳を尊重するべきである」とし、近代個人主義思想を継受していることを表明している。その一方で日本企業の経営を特徴づける考え方として、集団主義を引合いに出すこともある。

■**集団主義**　しゅうだんしゅぎ

日本的経営の特質の一つとして欧米の個人主義に対比して用いられる言葉。個人と集団の関係において、個人は集団と心理的な一体感をもつとともに集団の目標や利害を自分のものよりも優先させていくという集団中心の考え方。

出典：『ブリタニカ国際大百科事典 小項目事典』（ブリタニカ・ジャパン）

欧米の契約社会、個人主義はどこからやって来たのか

欧米の場合は様々な人種、民族が集まって社会を構成しているから、当然に各人の「当たり前」や常識が異なっている。したがって、一緒に暮らしていくためには契約を明示し、社会秩序の拠り所とする必要があるのだ。欧米を契約社会として説明する際、筆者もこのように話すことが多い。

しかしながら、欧米圏における契約社会の成り立ちは、長い歴史を遡る必要もあるし、成り立ちの背景などに触れておくことにも意義があるはずだ。

ここで話はヘレニズム時代にまで遡る。

ヘレニズム時代とは、凡そ古典期ギリシアが終焉してからローマが世界支配を確立するまでの約300年間（凡そ紀元前30年頃まで）を指す。当時、アレクサンドロス大王が世界を遠征することにより、それまでの「国」という概念は「世界国家」（コスモポリス）という概念に変わろうとしていた。

そして、それまで「国」の民が信仰する宗教も「世界国家」の概念からすると選民思想

を助長し、民族の対立を先鋭化する火種となる。そのため、それまでのような「民族の宗教」ではなく「世界の宗教」を求める土壌が、メトロポリタンのうちに醸成された。

そして登場したのがイエス・キリストである。もともとはユダヤ教徒だったイエス・キリストは、宗教を語る際の主語をそれまでの「(民族を指した)あなたがた」から「あなた」に変えた。これはつまり、祝福されるのは、特定の民族や一族ではなく、「あなた」なのだ。こうして尊厳の単位は、民族や一族から『個人』に移ったのである。そして、イエス・キリストの考え方はコスモポリスの概念に合致するものだった。

次に、『契約』の概念は、ユダヤ教における「律法」、すなわちユダヤの神に対してイスラエル民族が守るべき契約が厳然と存在していた。イエス・キリストは、ユダヤ教徒が遵守すべき厳格な、しかも一部は形骸化してしまった契約についても、民族を超えて誰もが守れる「きまり」に置き換えたのである。

そしてイエス・キリストが「あなた」に求めた「きまり」はこんなことだ。

イエスはそんな形骸化した上に、人の価値を勝手に決めつける理由づけになってしまっていた「きまり」について「神様を愛することと、隣人を愛すること、この二つが大切なのであって、それを守ればみんな救われるよ」と言いました。

出典：『聖書を読んだら哲学がわかった』（ＭＡＲＯ著、日本実業出版社）Ｐ１３０

したがって、イエス・キリストの教えに多大な影響を受けた個人主義という概念は、**「個人の尊厳」という考え方において、誰もが平等に尊重される**ということを意味している。

そしてその概念は、個人主義という言葉とともに引き合いに出される利己主義とはまったく異なるし、また本来隣人を愛する個人から成る民族や一族、すなわち集団という単位を否定するものでもないと筆者は考える。

「日本も訴訟社会になる」が実現しない理由

また、欧米のように社会秩序の拠り所を契約におく社会が優れていて、拠り所を人の関係性におく社会が前近代的であるという論調もあるが、果たしてそうだろうか。

日本は、今後の訴訟社会を想定し、２００６年に新司法試験制度を導入するなどして、弁護士の数を過去30年で約３倍にまで増やした。「日本弁護士連合会　弁護士白書２０２２年版」統計情報によれば、日本の人口１億２５５０万人に対し、弁護士が４万

４１０１人、弁護士１人あたりの国民の数は２８４６人である。
一方、米国の人口は日本の約２・６倍であるのに対し、弁護士が１３２万７０１０人（日本の30倍）、弁護士１人あたりの国民の数は約２４９人であり、10倍以上の差がある。では、平成18年（２００６年）と令和４年（２０２２年）で日本の訴訟件数はどう変化したであろうか。

平成18年　司法統計年報（新受総数）
民事・行政事件総数　２６２万１１３９件
刑事事件　１４９万５０４６件
家事事件　74万２６６１件
少年事件　21万４８０１件

令和４年　司法統計年報速報版（同総数）
民事・行政事件総数　１３６万８８１９件　対平成18年比47・８％減
刑事事件　81万８５７件　同年比45・８％減
家事事件　１１４万７８１３件　同年比54・６％増

少年事件　4万5740件　同年比78・7％減

家事事件とは、後見等、失踪宣告、氏の変更、相続放棄、養育費、面会交流、財産分与等々、家庭内における紛争を指す。

なお、平成17年以降、平成18年から民事訴訟事件総数が急増したのは、過払金返還請求訴訟によるものだが、平成22年を境に減少に転じ、現在に至っている。要は過払金返還請求訴訟を除いた一般の民事訴訟は、平成17年以降も日本が今後の訴訟社会を想定したようには増えていないということだ。

ちなみに、訴訟件数が一部の家事事件などを除き、増えない理由については定説がなく、筆者も本書の執筆にあたり関係者の見解を求めたが、せいぜい分かったことと言えば「訴訟を起こしてもうまみがない」といったところだろうか。

その一方で、関係者がお茶を濁すのは、「では、訴訟は儲かる、訴訟はビッグビジネスになり得るというような認識を我々は受け入れるべきか」という問題意識にもよるのではないだろうか。

ユダヤ社会における最高の契約とは

ここで、契約社会と関係性重視社会を優劣で隔てたり、違うものとして分け隔てたりすることなく、その本質を見極めるという立場から、ユダヤ社会における最高の契約とは何かについて引用しておきたい。

ユダヤ社会は非常に厳しい契約社会です。

ユダヤの世界でも日本と同様に、相手に対して起こりうる状況を想定して書き出し、契約書を作成して、了解の上で調印します。

でも、その内容は私たち日本人には考えられないようなものもあり、たとえば結婚式で、あらかじめ離婚の際の条件を決めておき、サインするのもユダヤ人くらいでしょうか。

そんなユダヤ民族の中で、最高の契約が「口約束」なのです。

日本人にとっては、口約束では信じられないので契約書として文書に残すのですが、ユダヤの世界における最高の契約は口約束であり、その約束を破ったら死に値するというくらい重いものです。

出典：『ユダヤに学ぶ「変容の法則」』（赤塚高仁著、きれい・ねっと）P127〜128

最高の契約は口約束である、これが意味することはなにか。

非常に厳しい契約社会、「律法」をもつ社会においても、契約というものは社会秩序の前提条件ではない。重要なのは、やはり人と人の関係性であるし、はじめに契約ありきではなく、先ずはどのような関係性を築こうとするか、結ぼうとするかが、真摯に話し合われる社会こそ重要である。

そして、当然ながら同じことは、我々の働く職場にも言える。

ジョブ型の働き方は日本人の体質に合っているか

ここでいったん整理しておこう。

これから、会社員が仕事に生きがいを見いだしながら、人生100年時代を健康で楽しく渡っていくためには、少なくとも次の3つの要素について自ら選択し、管理していく必要がある。

①環境
②対人関係
③ワークエンゲージメント（「キャリア自律」と「専門性コミットメント」から構成）

これに対して、まるで慣性の法則のように、いまどきの会社員をも捉えようとする既存の価値観は次のようなものだ。

サラリーマンという働き方（再掲）
経済重視、中流意識、他律管理――勤勉、競争、犠牲、画一、忍耐

これから、**我々はこれらのキーワードをすべて、自分にとって心地のよいように書き換えていく**のだ。それこそが、仕事を生きがいに強く結びつけるために必要だろう。

たとえば忍耐という言葉も「辛抱」という言葉に書き換えてみてはどうだろうか。

ちなみに、ChatGPTは忍耐と辛抱の違いについて、次のように答えてくれた。

問い　忍耐と辛抱の違いはなんですか？

「忍耐」と「辛抱」は、いずれも困難な状況や苦痛などを耐え忍ぶことを意味しますが、微妙な違いがあります。

「忍耐」とは、辛い状況や試練を受け入れ、それを乗り越えようとする精神力や忍耐力を指します。つまり、自分の感情や状況に対して静かに我慢することを意味します。

一方、「辛抱」とは、**我慢すること自体よりも、将来の報われることを期待して、辛い状況に耐えること**を意味します。つまり、自分が今耐えることで将来に繋がることを期待して、辛い状況に耐えることを指します。

簡単に言えば、「忍耐」は現在の状況に対して耐え忍ぶことを指し、「辛抱」は将来の目標に向かって辛い状況に耐えることを指します。

出典：ChatGPT　https://chat.openai.com/chat

なお、キーワードの書き換えは、ステレオタイプであってはならない。これから生きがいに強く結びつく働き方は、あくまでも自分にとって心地のよいように選び取る必要がある。

たとえばジョブ型にしても、基本は個人主義や契約を土台とした社会における雇用契約であるに過ぎない。

したがって、集団主義や対人関係性を重視してきた日本のような社会において、しかも「自己有用感」（自分は役に立つ）と「自尊感情」に有意な相関がある日本人には（少なくともそのままでは）合わない働き方かもしれない。

また我々は、

①**ジョブ型の働き方が日本人の体質に合っているか**

という事と共に、

②**AIと共存共栄していくうえで、ジョブ型が優位な働き方か**

ということも検討しなければならない。

今後3年間で488万人がリスキリングの対象に

日本企業における雇用契約はメンバーシップ型であり、人材市場に標準的なジョブ（この業界、この職種、このポストの職務記述内容はこれというテンプレート）を提示できないため、そのことが副業・兼業のマッチングを難しくしているということは先に述べた。

しかしながら、ここで留意しておかなければならないのは**「その副業・兼業は、今後のキャリア形成において、プラスになると意図的、戦略的に判断して選び取ったものか、それとも単に時間の切り売りにしか過ぎないか」**ということだ。

ある意味、このコロナ禍および日本においては人材不足の深刻化がブラインドとなっているが、これから**ＡＩ（人工知能）がますます人間の仕事を代替していくことに対し、我々はより意識的になるべき**である。

そして、このような背景から、リスキリング（＝職業能力の再開発、再教育のこと）という言葉が、広く一般に使われるようになった。この言葉は、時代の文脈に則して言えば「市場の変化に対応すべく新しい職種・業務に就くこと」や「現職で求められるスキルの変化に適応し、持続的に価値を創出すること」を目的に、新しいスキルや技術の習得を推進する全般的な取り組みを指す。

そして特に現在、第四次産業革命（IoTやAI、ビッグデータによる技術革新）への対応が強く求められる一方、デジタル技術をビジネスに活用するハイスキル人材の不足が、国家レベルで問題視されている状況である。

したがって、リスキリングによるIoT、AI、データサイエンスなどのスキル開発は、社内人材のデジタル人材化につながるため、官民で注目を集めているのだ。

ちなみに、2020年11月に経団連が発表した「新成長戦略」や21年から22年にかけて経産省が開催している「デジタル時代の人材政策に関する検討会」においても、失われる雇用から新たに生まれる雇用へと、円滑に労働力を移動できるよう、企業が従業員のリスキリングを推進することを奨励している。

なお、リスキリングが必要な人材の範囲や個人の時間的負担について、日本IBMはIBMの調査（IBV：Institute for Business Value）〈The Enterprise Guide to Closing the Skills Gap（英文）〉を受け、AIや高度な自動化により、世界12の大規模経済圏において、**今後3年間で1億2000万人の人材（うち日本は488万4000人）がリスキリングの対象になる**と試算した。

また同調査によれば、教育を通じてスキルギャップを埋めるのにかかる時間は、わずか4年で10倍以上増加した。たとえば14年当時は平均3日かかったが、18年には36日かかるようになったと報告している（出典：「IBM調査：市場原理主義に応じた新規スキルの獲得――既存保有スキルの拡張（リスキリング：Re-Skilling）」）。

「36日」と「4万円」でスキルを置き換えることは可能か

では、企業はリスキリングに対して一体どれだけ投資するのだろうか。

企業の教育投資についてその大枠を把握すべく、企業向け研修サービス市場規模推移・予測を見てみよう。ちなみに、本書でいう企業向け研修サービスとは、企業向けに外部事業者が関与し、実施する新人研修、階層別研修（主任、係長、課長など）、後継者育成研修、職種別研修（営業、販売など）、目的別研修（コンプライアンス、財務、法務など）等を含む研修全般を指す（したがって、自社で内製した研修等は含まない）。また、研修の実施形態は集合／対面、オンライン、eラーニング、通信などを問わない。

企業向け研修サービスの市場規模は、2019年度までその伸長率は鈍化傾向にあるも

■ 図表9　企業向け研修サービスの市場規模推移・予測

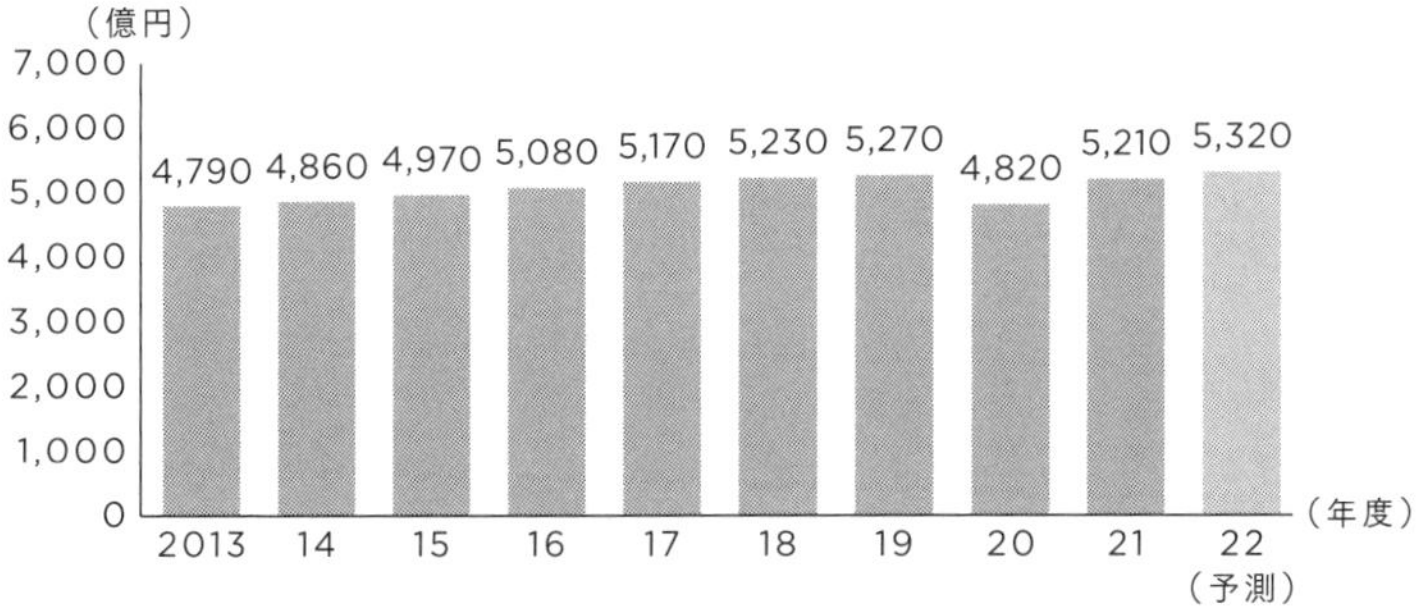

注1：事業者売上高ベース
注2：2022年度予測値
　　矢野経済研究所調べ
出所：株式会社矢野経済研究所「企業向け研修サービス市場に関する調査（2022年）」（2022年8月19日発表）

ののプラス成長を堅持してきたが、直近の市場規模の推移から、20年度はコロナ禍の影響を受けてマイナス成長に転じていることが分かる（図表9）。

しかし、企業の採用意欲や教育投資意欲そのものは落ち込んではおらず、また人的資本経営が謳われる中、人材育成に対する投資意欲はむしろ高まり、22年度は前年度比2・1%増の5320億円を予測する。なお、プラス成長をけん引する要因として、4月の新人研修実施に合わせて対面型の集合研修を再開する動きが活発化していること、オンラインを活用したコロナ禍対応型の研修スタイルとの相乗効果でサービス需要の取り組みも高水準で推移していく方向にあることなどが挙げられる。

■ **企業向け研修サービスの市場規模**

2020年度前年度比8・5%減　4820億円
2021年度前年度比8・1%増　5210億円

２０２２年度前年度比２・１％増　５３２０億円（予測）

出典：株式会社矢野経済研究所「企業向け研修サービス市場に関する調査（２０２２年）」

ちなみに人的資本経営とは、「人材を『資本』として捉え、その価値を最大限に引き出すことで、中長期的な企業価値向上につなげる経営」（経産省、２０２０年）を指す。まさしく「資本」とは投資の対象であり、人材という「資本」（費用ではない）に選択と集中を大前提とした適切な投資することで、リターンを最大化しようとする経営に他ならない。

また、人事労務分野の情報機関である産労総合研究所の「２０２２年度（第46回）教育研修費用の実態調査」によれば、従業員１人あたりの教育研修費用は、21年度の予算平均が４万８９６円、22年度が４万３２６１円である。

ではここで、これまでに取り上げた数値情報を並べてみよう。

・企業の人材育成に対する投資意欲はむしろ高まり、22年度は前年度比２・１％増の５３２０億円を見込んでいる。

☆教育を通じてスキルギャップを埋めるのにかかる時間は36日かかる（２０１８年）

☆従業員1人あたりの教育研修費用は4万3261円である（2022年度）

では、これらの数値をどう読むか。まず☆は平均値である。したがって、人的資本投資にかかる選択と集中をこれらの数値から読み取ることはできない（同じ企業内にお金をかけてもらっている人材と、そうでもない人材がいるということ）。

しかしながら、仮にリスキリングに「1万時間の法則」（ある分野においてエキスパートになるには、1万時間の練習や努力、勉強が必要だとする理論）を当てはめたとすれば、36日では到底足りないし、費用もまた然りであろう。

したがって、いくらリスキリングを呼び掛けても、この手間とコストでは、**既存のスキル体系をまったく新しい別のスキル体系に置き換えることなど、よほどの天才か未知の学習方法をとらない限り、先ずは不可能だ**と考えるのが妥当ではないか。

そしてそうだとすれば、**リスキリングとは、これまでのキャリアを通じて培ってきたスキルを捨てて、何かまったく新しいスキルを身に付けるような代物ではない**ということだ。

四度の産業革命が教えてくれること

それでも、会社員（のうち少なくとも一部）は慄《おのの》いている。自らのスキルが陳腐化して将来食いっぱぐれるのではないか、リスキリングについて行けないのではないか、ＡＩに仕事を奪われて失業するのではないかと。

では、過去に同じような働き手の危機がなかったか遡ってみてみよう。

これまで、社会や経済を大きく変化させる産業革命は四度起こった。総務省で取りまとめている白書によれば、第一次産業革命では水力・蒸気機関を活用した機械製造設備が導入され、第二次では石油と電力を活用した大量生産が始まり、第三次ではＩＴ技術を活用しはじめ、そして第四次の主眼は、スマート工場を中心としたエコシステムの構築である。

ちなみにスマート工場とは、ＡＩやＩｏＴなどのデジタル技術を活用した、生産性が高く、効率的な製造現場のことを指す。そして現在、第五次産業革命（インダストリー５・０）を実現しようと世界各国、各業界がボ、ー、ダ、ー、レ、ス、にしのぎを削っている。

では、産業革命は我々の働き方をどのように変えたのか。

たとえば第二次産業革命により、1900年当時のニューヨーク五番街は約10年でどのように様変わりしたのだろうか。具体的には、移動手段が変わった。

1900年　馬車
1913年　自動車

これは1908年にフォード社が開発した自動車「T型フォード」が大ヒットし、それまで主要な移動手段であった馬が、軒並み自動車に切り替えられたことによる。

そして、この切り替えは、それまで移動手段に携わってきた働き手にも大きな影響を与えた。先ず馬は仕事を失い、馬の世話をする働き手も仕事を失った。そういう意味で、ある働き手がある仕事において失業したのは間違いない。

だがその一方で、自動車を整備する、運転する仕事が生まれたという意味で、新たなテクノロジーによる社会変革は、新しい仕事を生み出してきたこともまた事実である。

したがって、**AIが仕事を奪うという論調（後述）は、実は物事のイチ側面しか捉えておらず、実際にはAIが社会に広く普及していく中で、自動車と同様に新しい仕事を生み出していく**のだ。

そして、会社員は、特に日本企業の会社員は、新たな時代の大きなうねりの中にあっても、これまでに培ってきた能力を用いて、ＡＩが生み出す新しい仕事にも十分に対応していけるはずだ。

いや、そんな控えめな話はやめて、より率直に述べるとすれば、**日本の会社員は、同じ仕事をＡＩではできない仕事にまで昇華させていくことができる「最強の職業人」なのである。**

1章のまとめ

- 「人生100年時代」どころか「人生130年時代」が近づいている。70歳まで心地よく働くにはキャリアをどう考えればよいか、今、立ち止まって考えるタイミングである。
- もしあなたが勤続20年以上の会社員であれば、きっと1つのものを失っている。それは、「安定と従属」↓「変動と独立」への適応能力だ。
- 会社員を取り巻く外部環境は確実に変わりつつある。
- それでも、日本企業の会社員は、AIが仕事を奪うと言われる現代だからこそ、「最強の職業人」になりうる。

もうずいぶん長く働き続けてはきたけれど、
気が付いたら、
何の専門家でもないような気がする。
70歳まで働く時代と言われても、
あと20数年、
自分の居場所はあるんだろうか？

2章

「普通の会社員」がこれから最強だと言い切れる理由

【息子・上倉雄一の場合】※以下同じ

「上倉くんは、ブラインドタッチできますか？」

面接会場に入室し、型通りの挨拶を済ませた後、これが面接官の第一声だった。

後に振り返れば、私は就職氷河期の最中に就職活動をして社会に出た。

就職氷河期の真っただ中で、それをどう実感したかって？

それは簡単です。バブル期に社会に出た学部の先輩が、気の毒そうにこう言っていました。

「俺たちの頃は、放っておいても沢山の企業の会社案内が段ボール箱で送られてきたよ」

その違いです。僕たちには、待てど暮らせど段ボール箱は送られてきませんでした。

一体何十社、企業訪問したでしょう。僕は留年だけはしたくなかったので、とにかく業界を問わずに片っ端から企業説明会に参加して、ほぼ同じく片っ端から面接を受けました。面接に呼んでもらえるだけ、ありがたかったから。そしてまあ落ちるは、落ちるは……。下がり続ける自尊心は、周囲と傷をなめ合うことでやり過ごしていました（周囲もだいたい同じような感じだったので、そこは救われました。ただ、コネのあるやつは羨ましかったなぁ）。

それでも遂に、何とか拾ってもらえそうな会社の最終面接で、役員の隣に座る人事課長が僕の緊張をほぐすためか、言ってくれたのが「上倉くんは、ブラインドタッチ（タッチタイピング）できますか？」でした。

それで、めでたくその会社に入社した後、ブラインドタッチが社内で尊敬の的になっていることを知りました。僕に声をかけてくれた人事課長も雨だれ式だの一本指打法だの、要はタッチタイピングの反対ですね、それで苦労されていたようです。

１９９５年以前の職場を知っている会社員は、一人ひとりにパソコンが貸与されて、それを使って仕事をする時代がくるなんて、想像もしていなかったんじゃないですかね。僕もまだほとんどパソコンを使ったことがなかったから、入社時のパソコン教育は有難かったですよ。

後から考えるとＷｉｎｄｏｗｓ 95の登場が大きかったんでしょうね。あのＯＳやアプリケーションソフトが市販されるようになって職場のＯＡ化は急速に進みましたし、グローバリズムなんて言葉が使われるようになったのもあの頃からだと思います。

【ウィンドウズ95発売（１９９５年） 情報革命に大きな役割】

１９９５年、米マイクロソフトがパソコンの基本ソフト（ＯＳ）「ウィンドウズ95」を発売した。画面の表示に従い、初心者でも直感的に操作できる使いやすさが受け、パソコンが一般家庭に爆発的に普及するきっかけとなった。日本語版は11月23日午前0時に発売。東京・秋葉原の家電量販店ではカウントダウン販売を実施するなどお祭り騒ぎに沸き、発売4日で20万本を売り上げた。インターネットの急速な普及にもつながり、人々の情報獲得やコミュニケーションのあり方を変えた。「98」など後継ソフトを含め、情報革命に大きな役割を果たした。

出典：日本経済新聞朝刊2019年4月30日

そういえば、あの頃も仕事がなくなる、「電子メールの導入で中間管理職はいなくなる」なんて騒がれていましたっけ。

ですが、ふたを開けてみれば世界中がつながって、日本は夜でも他の国は昼間で忙しく働いているから、結局会社員はますます忙しくなってしまいましたよね。

日本の労働人口の約半分はAIに置き換えられる？

たとえば、世界にその名を馳せる戦略コンサルティング会社のシンクタンク部門が、800以上の職業における2000以上の作業を分析した結果、「すべての作業が自動化の対象となる職業は全体の5％未満だが、**おおよそ60％の職業において、少なくとも3割程度の作業が技術的には代替可能である**」と報告した。

ちなみに、野村総合研究所と英オックスフォード大学のマイケル・オズボーン准教授らが2015年に行った共同研究によれば、**今後20年以内に、日本の労働人口の約半分（49％）がAIやロボットにより代替される可能性が高い**としており、職種ごとの自動化可能確率と雇用者数の分布（次ページ図表10）を次のようにプロットしている（しかしながら、今後20年以内に労働人口の約半分が代替されるという主張は、AIやロボットを開発するエンジニアに与する発想だろう）。

いずれにせよ、AIが会社員から雇用を奪う論争（全体の5％未満VS約50％）、特に約50％だなどと喧伝されると、会社員もしくは人類VS AIまたはロボットというような構図を

■ 図表10 職種ごとの自動化可能確率と雇用者数の分布

「日本の労働人口の49％が将来自動化される」との予測もあるが、AIやロボットによる雇用の自動化可能性に関する統一見解はない。

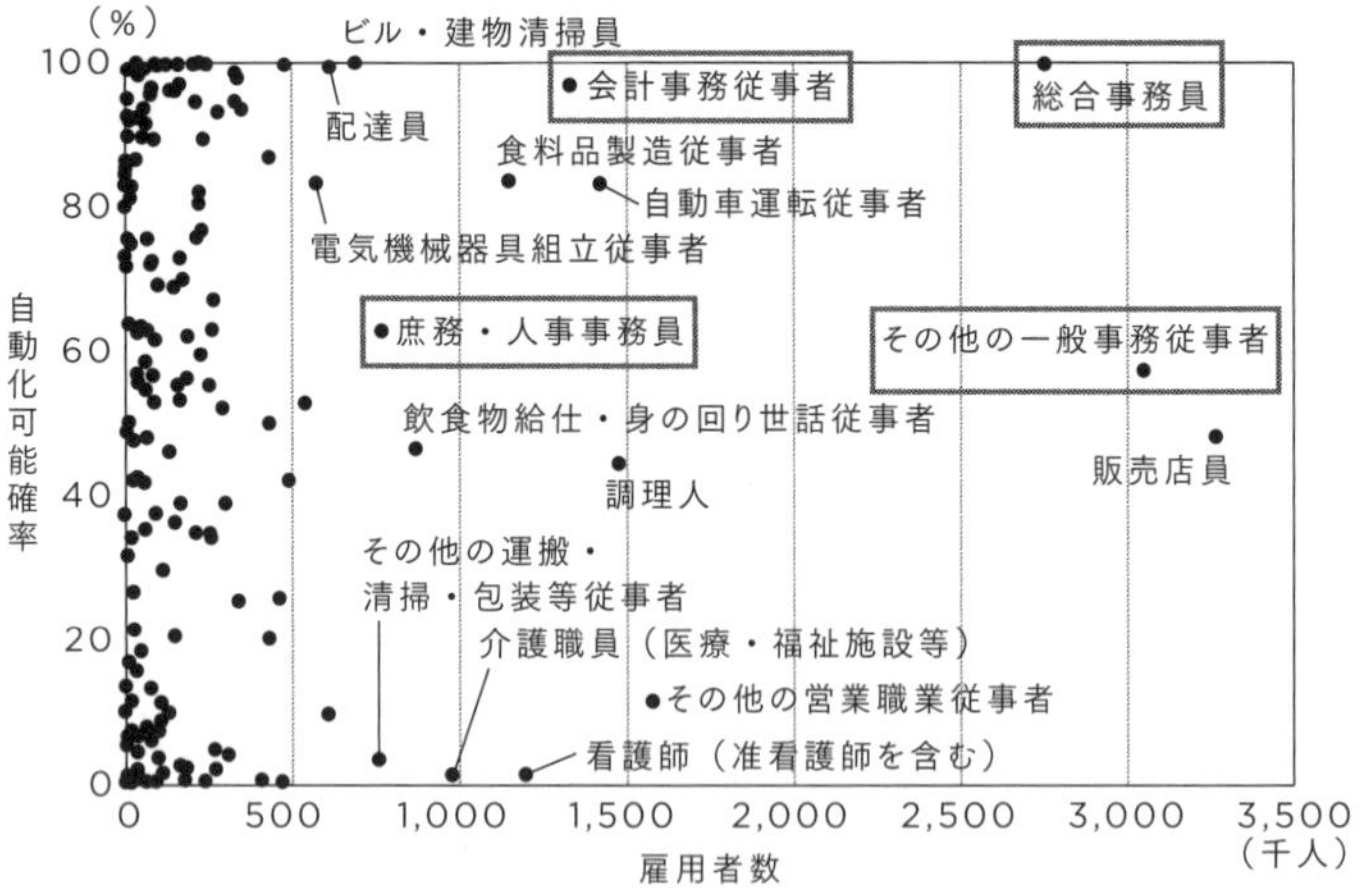

出所：経済産業省「未来人材ビジョン」。野村総合研究所とオックスフォード大学マイケル・オズボーン准教授等との共同研究（2015年）を基に経済産業省が作成。

想起したくもなる。

だが、前章で触れたとおり、少なくともこれまでの数次にわたる産業革命は、ある意味、ある働き手の仕事を奪ってもきたが、新しい仕事をそれこそ爆発的に生み出してもきたのである。

また加えて日本では、今後圧倒的に働き手が減る。

経産省の未来人材ビジョンによれば、日本の生産年齢人口（15歳から64歳）は、2020年の約7400万人から2050年の約5300万人へと3分の2に減少する。

減っていくのは「中スキル」の仕事

だが、今後も日本企業の働き手は安泰で職を失うことはない、とは言い切れない。

実際どのような仕事がテクノロジーの進歩により代替されてきたか、米国と日本における職業別就業者シェアの変化（次ページ図表11・12）を見てみよう。

事実、米国でも日本でもここ数十年で自動化により**「労働市場の両極化」**が起きたことが確認されている。

ちなみに経産省の未来人材ビジョンによれば、**『「労働市場の両極化」は、専門・技術職等の高スキル職や、医療・対個人サービス職等の低スキル職で就業者が増加する一方、製造職や事務職等の中スキル職が減少する現象』**を指す。

このような調査から得られる教訓は、我々は職業や仕事に対してより意識的になる必要があるということだ。つまり、働き手としての単純な需給関係で考えた場合、**会社員として長く活躍するためには、AIやロボットにはできないことを意識的に選択していくこと**が求められる。

■ 図表11 米国における職業別就業者シェアの変化

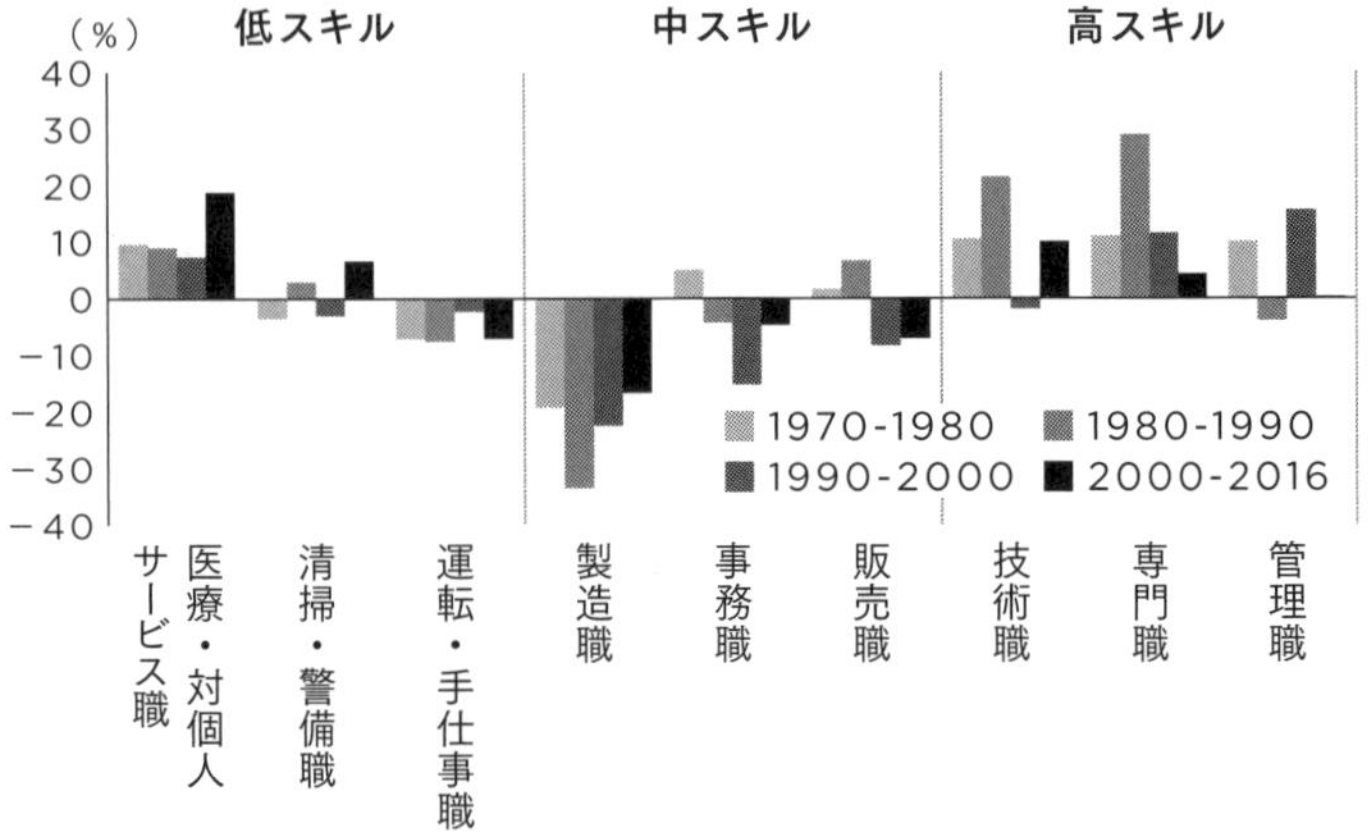

注1：「労働市場の両極化」は、専門・技術職等の高スキル職や、医療・対個人サービス職等の低スキル職で就業者が増加する一方、製造職や事務職等の中スキル職が減少する現象。
注2：各職業に係る総労働時間（就業者数に労働時間を乗じたもの）のシェア伸び率であることに留意。

■ 図表12 日本における職業別就業者シェアの変化

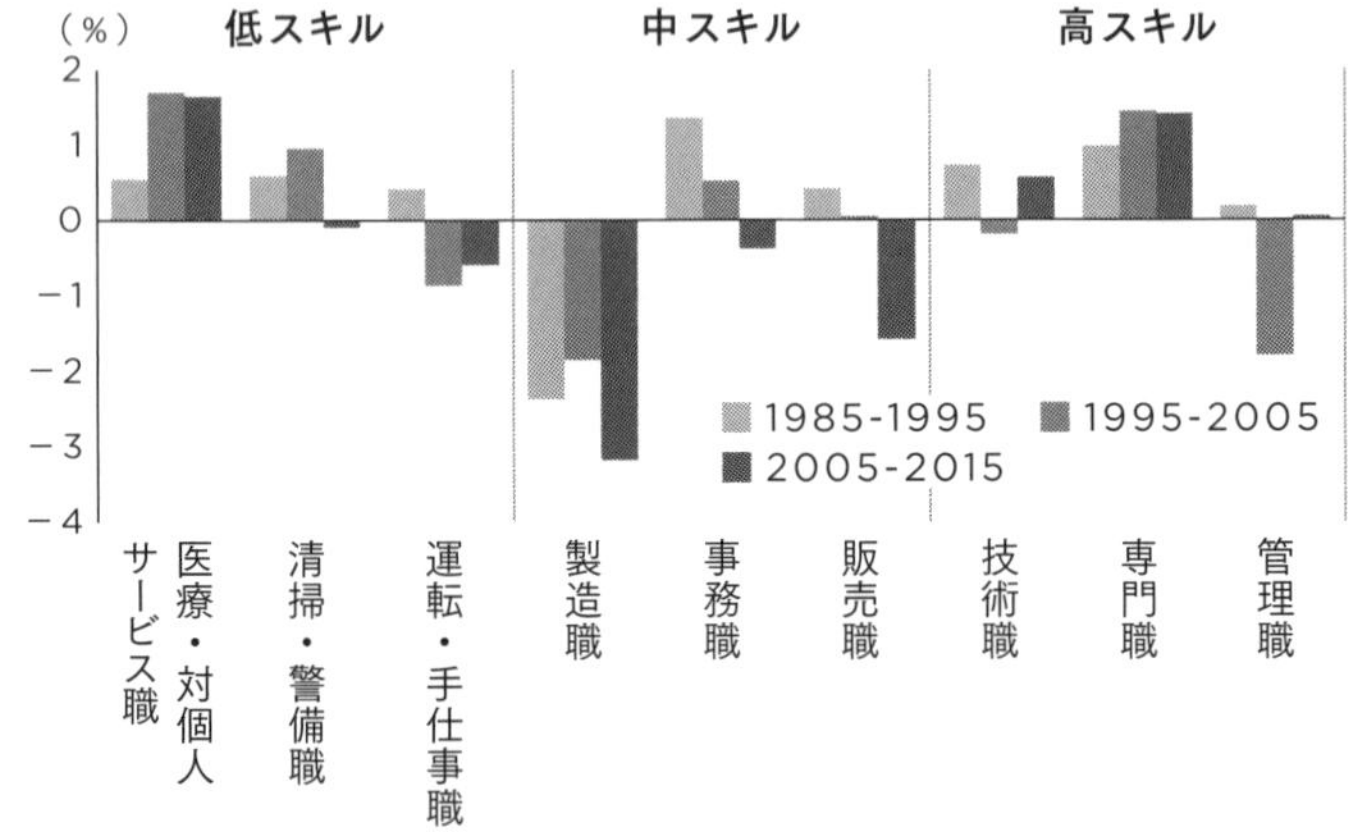

注1：「労働市場の両極化」は、専門・技術職等の高スキル職や、医療・対個人サービス職等の低スキル職で就業者が増加する一方、製造職や事務職等の中スキル職が減少する現象。
注2：Daron Acemoglu, David Autor "Skills, Tasks and Technologies: Implications for Employment and Earnings"（2010）を参考に職業を分類。図表11の米国の分析と異なり、職業者数のシェア変化であること、全年齢が対象であること、清掃・警備職には自衛官を含む（米国は軍人を除外）ことに留意。

出所：経済産業省「未来人材ビジョン」。David Autor "Work of the Past, Work of the Future"（2019）を基に経済産業省が作成。

なお、未来人材ビジョンでは、グローバル競争を戦う大企業の社長や役員の見解をまとめ「これから求められる人材像」を示している。

次の社会を形づくる若い世代に対しては、

「常識や前提にとらわれず、ゼロからイチを生み出す能力」

「夢中を手放さず一つのことを掘り下げていく姿勢」

「グローバルな社会課題を解決する意欲」

「多様性を受容し他者と協働する能力」

といった、根源的な意識・行動面に至る能力や姿勢が求められる。

出典：経済産業省「未来人材ビジョン」P16

そして更に、発揮すべき実務能力として、将来は「問題発見力」、「的確な予測」、「革新性」が一層求められるとしている。

また、そのような能力が求められる職種および（職種構成として当該職種を多く含む）産業では、AIやロボットがかかる仕事を代替しづらいとした上で、今後2050年に向けて必要となる労働者数の相対的変化をまとめている（次ページ図表13・14）。

■ 図表13・14「職種」ごと、「産業」ごとの労働者数の変化

主な「職種」ごとの、必要となる労働者数の相対的変化（高成長シナリオ）

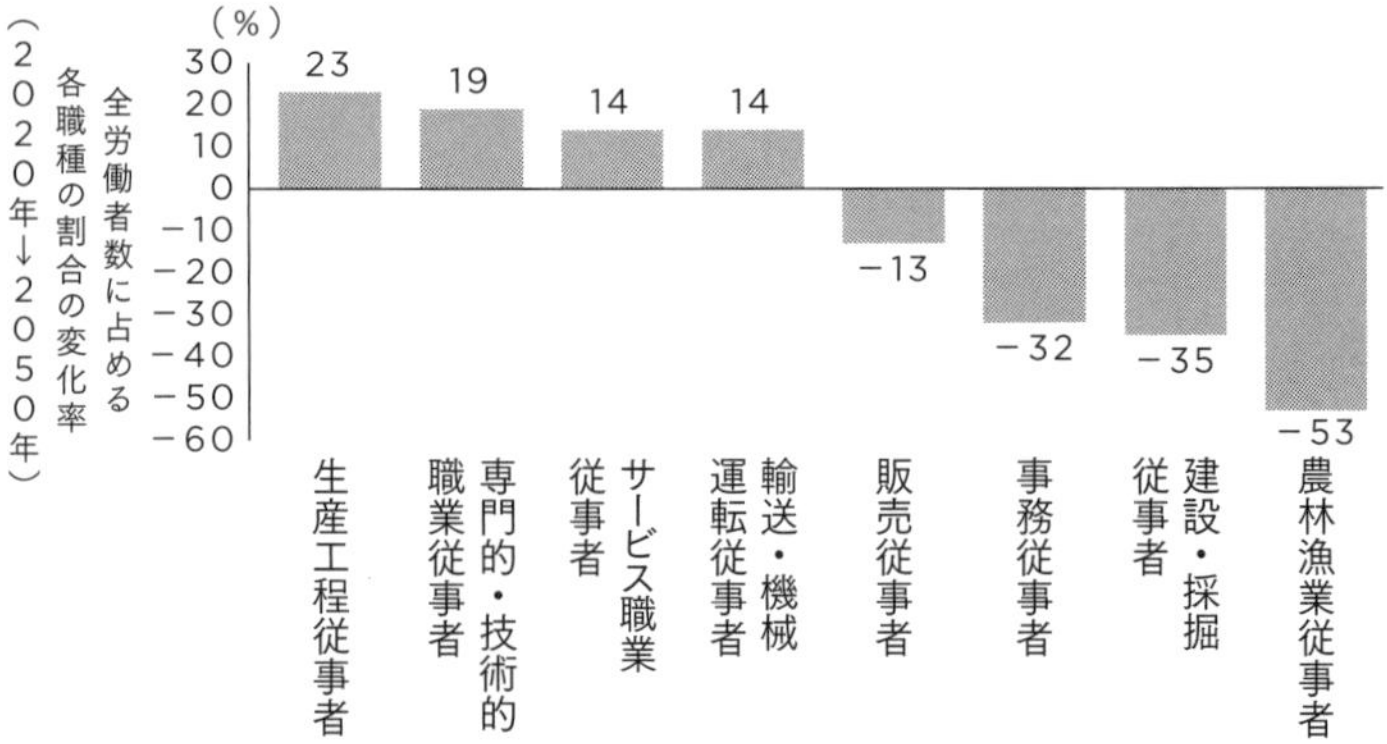

主な「産業」ごとの、必要となる労働者数の相対的変化（高成長シナリオ）

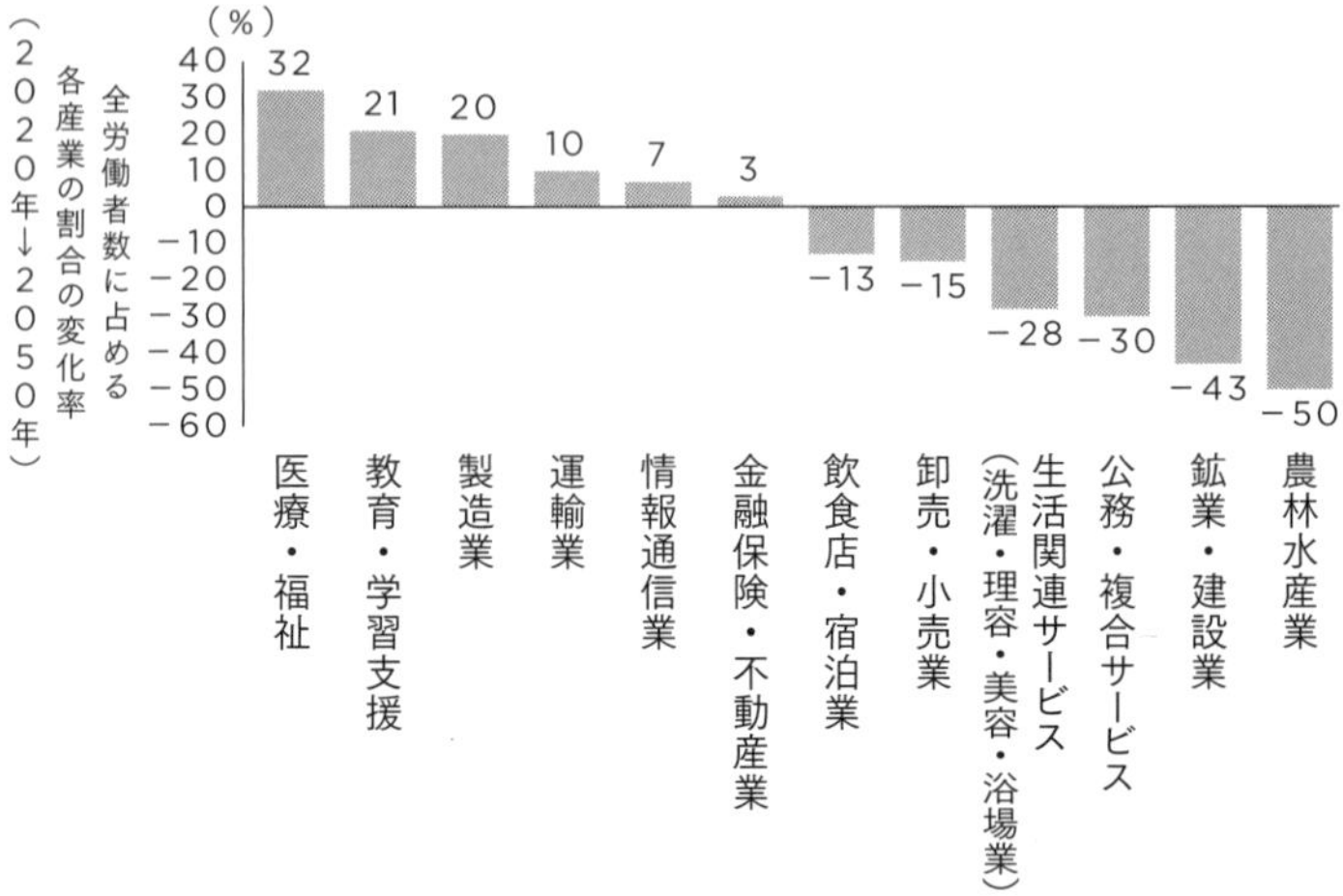

注：労働需要の増減と、各産業・職種の付加価値の増減は連動しない点に留意。
出所：経済産業省「未来人材ビジョン」。労働政策研究・研修機構「労働力需給の推計-労働力需給モデル（2018年度版）」、「職務構造に関する研究II」（2015年）、World Economic Forum “The future of jobs report 2020”, Hasan Bakhshi et al., “The future of skills: Employment in 2030”、内閣府「産業界と教育機関の人材の質的・量的需給マッチング状況調査」（2019年）、文部科学省　科学技術・学術政策研究所「第11回科学技術予測調査ST Foresight 2019」等を基に経済産業省が推計。

AIの普及で増える職種と減る職種

なお、今後、労働者数が相対的に増加する職種は次のとおりである。

■総務省「日本標準職業分類」大分類から抽出

生産工程従事者　23%
専門的・技術的職業従事者　19%
サービス職業従事者　14%
輸送・機械運転従事者　14%

これらの職種は総務省が公示する「日本標準職業分類」の大分類に相当するが、今後労働者数が増加する産業において、これらの職種の中分類以下を確認すれば、2050年に向けて需要が増えそうな職種をより詳細に把握することができるだろう。

たとえば生活者にとって身近な「サービス職業従事者」の中分類は8項目ある。

■「サービス職業従事者」中分類

35　家庭生活支援サービス職業従事者
36　介護サービス職業従事者
37　保健医療サービス職業従事者
38　生活衛生サービス職業従事者
39　飲食物調理従事者
40　接客・給仕職業従事者
41　居住施設・ビル等管理人
42　その他のサービス職業従事者

そして更に、たとえば「38　生活衛生サービス職業従事者」の詳細は6つの職業に分かれている。

■「38　生活衛生サービス従事者」細目

381　理容師

382　美容師
383　美容サービス従事者（美容師を除く）
384　浴場従事者
385　クリーニング職
386　洗張職

ちなみに今後、最も労働者が増加するであろう「生産工程従事者」とは「原料や材料から製品を生み出す人材」を指し、中分類は11項目あるが、その内容に応じて大きく5つに分類することができそうだ。

生産設備を制御・監視する人材
製品の製造・加工処理する人材
機械部品を製品に組立てる人材
製品の整備や修理にあたる人材
機械・製品を検査する人材

なお、これら職種の多くは、生産工場内で行われることも多いが、中にはパティシエや和菓子職人、アニメーターや音響係（舞台）、照明係（舞台・撮影所）など、実に多様な職種が含まれる。

そして、このような分類と労働者が増加する産業、減少する産業を照らし合わせて、職種、産業ともに労働者が増加する職業を選択すれば、少なくとも当面、ＡＩやロボットに代替される心配はないと言えるだろう。

また、先に「働き手としての単純な需給関係で考えた場合、会社員として長く活躍するためには、ＡＩやロボットにはできないことを意識的に選択していくことが求められる」と書いた。

そして、**その選択において求められるのは、たとえば人類において、ほんの一握りの人材しか従事できないような特殊な仕事、もしくは獲得することが極めて難しい特殊能力などでは、どうやらない**ようである。

間接業務のジレンマをAIは解決するのか

ここで我々は、AIやロボットがビジネスにおいて、どう位置づけられるかについても正しく認識しておく必要がある。

それは、**企業においてAIやロボットは貴重な経営資源であり、投資対象である**という認識だ。裏を返せば、回収見込みのない投資はしない。

では、回収見込みのない投資とはどのようなものか。

AIやロボットの機能や性能が複雑かつ高度に過ぎる。➡導入コストが高すぎる。
AIやロボットを導入しても規模の経済性が働かない。➡能力が発揮しきれない。
AIやロボットの導入コストに見合う程の需要がない。➡コストが回収できない。

たとえば、次に挙げる、企業の間接業務および間接人件費について指摘される問題を、AIやロボットは解消するだろうか。

勿論、一定程度は早晩解消するだろう。しかしながら、業務によっては、仮に機能や性能は克服し得るとしても、それが投資に見合うだろうかという疑問は残る。

■間接〈人件〉費の問題点

○活動の中身が明確になっていない。

（どのような作業に、どの程度時間がかかっているのか）

○活動の目的が明快になっていない。

（何のための活動に、どの程度時間がかかっているのか）

➡結果として、間接費は「どんぶり勘定」になり、改善のメスが入りにくくなっている。

■問題を引き起こす原因

○活動内容（業務内容）が不明確である。

・業務が見えない。

・業務を見せない。

・業務を見ない。

○活動内容（業務内容）が不安定である。

- その時々の状況等に応じて、「どこまでやるか」が変わってくる。
- 仕事を知らない／できない人ほど、手戻りやミスで時間がかかる。
- 逆に、行き届いた仕事のできる人ほど、時間がかかる場合もある。

特に、今後とも残存しつづけるであろう活動内容（業務内容）の不安定さをＡＩやロボットで克服しようとしても、莫大な開発／導入コストがかかる。その一方で、当該コストを回収する見込みは到底立たないのではないか。

これから企業は、回収リスクを伴う投資として、ＡＩやロボットを職場に導入する。これは試験研究費などではなく、**企業の勝ち残りをかけた投資**なのだ。これと同じことは人材への投資にも言える。

昨今「人材版伊藤レポート」などでも注目を集める人的資本経営とは、「人材を『資本』として捉え、その価値を最大限に引き出すことで、中長期的な企業価値向上につなげる経営」（経済産業省、２０２０年）を指す。

まさしく「資本」とは投資の対象であり、人材という「資本」に選択と集中を大前提とした適切な投資することで、リターンを最大化しようとする経営に他ならない。

では、企業そして社員個人は、先に述べたリスキリングとも相まって、これからどのような学びに投資するべきか。

AIを開発できる人材、協業できる人材、使用される人材

我々はAIやロボットを意識した学びに投資しなければならない。

これは、筆者が繰り返し主張してきたことであるが、これからの人間・会社員はその能力により、**「AIを開発できる人材」「AIと協業できる人材」**、そして**「AIに使用される人材」**の3種類に分類されるだろう（ちなみに人間・会社員と書いたのは、今後は人間もAIも同じく中長期的な企業価値向上の原動力となる資本であり、2050年にはAI・会社員という区別が存在する可能性も大いにあるからだ）。

では、我々は「AIを開発できる人材」「AIと協業できる人材」、そして「AIに使用される人材」のどこを想定した学びに投資すべきだろうか。

先ず「AIに使用される人材」を積極的に選択する会社員はいないと想定して、対象から外す。

残された選択肢は2つであるが、ここで我々が見極めるべきは、第四次産業革命（IoT

やＡＩ、ビッグデータによる技術革新）をけん引するような**「ＡＩを開発できる人材」はいつの時代もほんの一握り、ほとんどが「ＡＩと協業する人材」、すなわちユーザーである**という事実だ。

先に「現在、第四次産業革命（ＩｏＴやＡＩ、ビッグデータによる技術革新）への対応が強く求められる一方、デジタル技術をビジネスに活用するハイスキル人材の不足が、国家レベルで問題視されている状況である。

したがって、リスキリングによるＩｏＴ、ＡＩ、データサイエンスなどのスキル開発は、社内人材のデジタル人材化につながるため、官民で注目を集めている」と書いたが、**すべての会社員がこの方面のリスキリングに安直に追随する必要はない**と筆者は考える（いずれにしてもユーザーとしては、これらの技術に関わり、活用することが求められるのだから。それは「ウィンドウズ95」発売以後の我々の働き方を振り返れば、容易に想像できる）。

リスキリングとリカレント教育の違い

このように、リスキリング＝社員の総デジタル人材化と捉えてしまうのは安直に過ぎると思うが、その一方で、学び直しという機会を通じて会社員という働き方に寄り添い、サポートすることは必要だ。

具体的には、当該人材のキャリア形成においてプラスとなるような仕事や仕事から得られる知識、スキル、経験は何かを明らかにし、副業・兼業選択に活かせるようにすること、必要に応じて前向き、効率的な学び直しを支援する一連の教育プログラムを提供することである。

では、そのような教育の一環として、昨今注目されるリカレント教育市場に転じてみたい。

リカレント教育とは、社会人が、キャリア・チェンジや社会環境の変化に応じて必要となるスキルを、本格的に学び直すための学習サービスを指す。

なお、対象となる学習プログラムは、大学が社会人を対象に提供する履修証明プログラム、科目等履修生制度、大学院の修士課程・専門職学位課程および民間事業者が社会人を対象に提供する「リカレント教育」に資するものである。

より具体的には、文部科学省の「マナパス」（社会人の学びを応援するポータルサイト）が、社会人の学びに関する情報を幅広くまとめている。

なお、ここでリカレント市場に関する見解につき、「ReseeEd（リシード）教育業界ニュース」からその一部を引用する。

２０２１年度のリカレント教育市場規模は、前年度比７・１％増の４６７億円を見込む。時代の変化に即した知識、スキル習得の必要性が強まっていることや、政府が「リカレント教育」の拡充を進める動きがあること、企業がジョブ型の人材採用や人材育成へシフトを進めつつあることから、リカレント教育市場に注目の高まる環境が創出されている。

（中略）

今後の大きな課題は、学び直ししたことによる転職やキャリアチェンジにつながる人材流動が日本国内ではあまり進んでいないこと。今後は、社会的風土の醸成や制度面での整備が求められる。

２０２２年度のリカレント教育市場規模は、前年度比４・９％増の４９０億円が予測されている。今後は、個人が自身のキャリアプランを見直す動きが強まる傾向や、企業・社会で求められるスキルの変化、政府による「リカレント教育」拡充を進める動き等により、リカレント教育市場の需要は高まりを続けていく見通し。

出典：ReseeEd（リシード）教育業界ニュースより

https://reseed.resemom.jp/article/2022/02/16/3352.html

このように、リカレント教育は、その後の転職やキャリア・チェンジに関わる社会的風土の醸成や制度面での整備などに課題があるとしつつ、確かな時代のニーズを捉え、今後ますます成長が見込まれる分野であることは間違いない。

ちなみに、リスキリングとリカレント教育の違いを、企業主導の取り組みか個人主導のそれか、または離職を想定するかしないかという点で区別する向きもある。

しかしながら、副業や兼業に「今後のキャリア形成において、プラスになると意図的、戦略的に判断して選び取ったものか」が問われ、かつ企業と社員の望ましい関係性を示す〈エンゲージメント〉について「個人と組織がお互いに信頼を寄せて一体感を醸成し、双方の成長に貢献しあう関係」を望ましいカタチとするならば、わざわざ〈学び直し〉の区別に固執する必要もないだろう（ちなみにエンゲージメントは、先に扱ったワークエンゲージメントとは異なる概念である）。

大切なことは、**企業にとっての人材育成、社員にとってのキャリア形成、そのどちらも優れた戦略に基づき実践されることが強く求められる**、ということなのだ（戦略＝経営資源の選択と集中、リスク分散を実現すること）。

「AIを運用する人材」に求められる能力

では、次に我々が考えるべきは具体的に何を意識的、戦略的に学び直すか、どのような学びに投資すべきかだ。たとえば、決算書や契約書の不備をチェックする（粉飾決算を見破ることも含む）のに、AIの力を借りるこの時代に。

これは先にも触れたが、たとえば国家レベルで人材不足が問題視されているデジタル技術ひとつをとっても、引き続きその「開発」に従事するのは、どの分野においても一握りの人材である。一方、大部分を占めるのは開発された技術を「運用」する人材（ユーザー、実務者）なのだ。

そして、**とことん優れた実務者になるための出発点は、基礎学習にある**と筆者は考えている。通常、基礎の習得は、「守破離《しゅはり》」の段階に則った成長や成熟を通じて、いずれ再現性のある応用に転じるからだ。

では、我々ビジネスパーソンにとって基礎学習とは何か。

これについて、経産省の産業人材政策室は「『人生100年時代の社会人基礎力』と『リカ

■ 図表15「人生100年時代の社会人基礎力」について

考え抜く力
- 課題発見力
- 計画力
- 創造力

前に踏み出す力
- 主体性
- 働きかけ力
- 実行力

チームで働く力
- 発信力
- 傾聴力
- 柔軟性
- 情況把握力
- 規律性
- ストレスコントロール力

新たな3つの視点
- 何を学ぶか
- どのように学ぶか
- どう活躍するか

出所：経済産業省産業人材政策室　「人生100年時代の社会人基礎力」と「リカレント教育」について

レント教育』について」の中で『社会人基礎力』を発表している（図表15・16）。

具体的に、社会人基礎力は大きく3つの能力からなり、そしてこれらの能力は12の要素に分解、構成するものである。また、以降「人生100年時代」ならではの切り口として、新たに3つの視点を提供した。

■ 3つの能力

考え抜く力（シンキング）
チームで働く力（チームワーク）
前に踏み出す力（アクション）

■ 12の能力要素

考え抜く力……課題発見力、計画力、

■ 図表16「人生100年時代の社会人基礎力」の概念

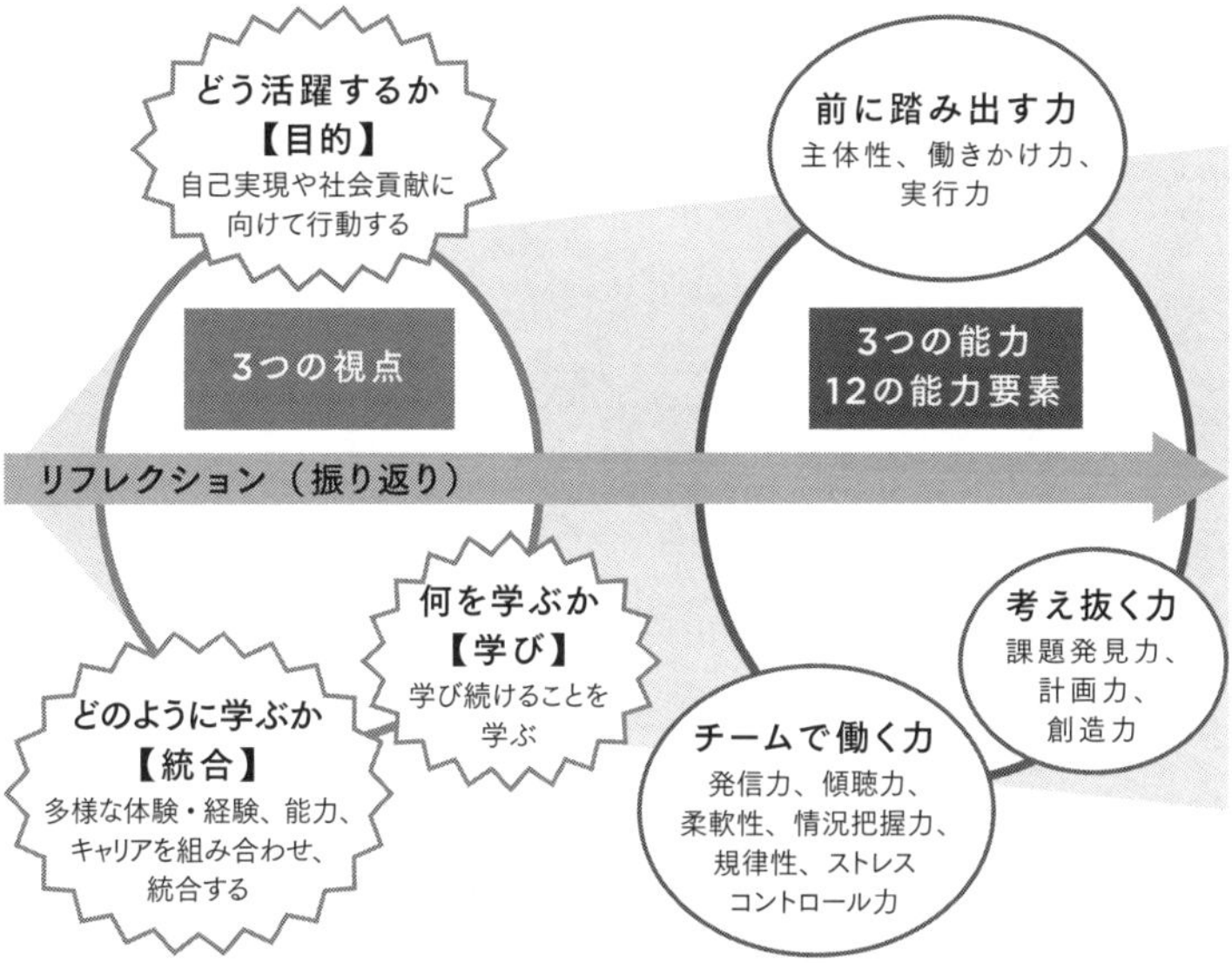

出所：経済産業省産業人材政策室　「人生100年時代の社会人基礎力」と「リカレント教育」について

創造力

チームで働く力……発信力、傾聴力、柔軟性、情況把握力、規律性、ストレスコントロール力

前に踏み出す力……主体性、働きかけ力、実行力

■新たな3つの視点

何を学ぶか【学び】

どのように学ぶか【統合】

どう活躍するか【目的】

ちなみにこの「3つの能力」「12の能力要素」に見覚えはないだろうか。これは現に多くの会社員が経験している人事評価、その評価項目ばかりであ

る（これらは、企業で言うところのコンピテンシー評価項目に相当する）。

そして、企業は、これらのコンピテンシーが人事評価の対象であるが故に、ＯＪＴや企業向け研修などを通じて、社員の能力開発に努めてきた。

要するに**経産省は、会社員にとってはおなじみの人事評価項目を、人生１００年時代の社会人基礎力に挙げている**ということだ。

社会人基礎力にプラスして身につけるべき知識とは

では、このような社会人の基本姿勢および能力を土台として、会社員が積上げるべき基礎はなにか。

彼らは、企業の経営に携わり、貢献することが求められる人材であるから、**「経営学」に関する必要最低限の知識**は、当然その中に含まれてしかるべきである。

そして、たとえば経営大学院や、日本国内における中小企業診断士資格は、人材に対して社会人としてのキャリアアップや転職、副業・兼業もしくは独立起業を支援するための能力開発サービスを提供している。そう考えるとビジネスパーソン一般の基礎学習と言えなくはないが、ただそのときに学んで終わり、後は（少なくとも実務では）使わないという内容も一定程度あると聞く。

また、筆者はこれまで企業の人事担当者からこんな相談も受けてきた。

「ＭＢＡの科目を単科ではなく、合わせ技で教えてくれませんか。うちの社員にもＭＢＡをとった社員が相応数いるのですが、それぞれ学んだ単科の知識がつながってないみたいなんですよね」

このような要請を受けて、筆者は単科を横断する思考をもって、経営課題を解決するための、実務に使える基礎学習の範囲や学び方について仮説を立て、次世代の経営を期待される受講者とともに検証してきた。そして、そのような試行錯誤をまとめたのが『事業部長になるための「経営の基礎」』（新井健一・陶山匠也著、生産性出版）である。

但し、これはあくまでひとつの試みに過ぎないため、**企業も社員個人も双方の成長に貢献するためには、学ぶべき「基礎」につきバックキャスティング[1]を用いて、今あらためて洞察する必要がある**だろう。

我々は、選び取るべき基礎学習を単に与えられるものではなく、自ら定義するものとして受け止めなければならない。

1　バックキャスティング：未来のある時点に目標を設定しておき、そこから振り返って現在すべきことを考える方法。

出典：『コトバンク』小学館

僕たちは無意識に自分自身を低く見積もっている

キャリアは自分でデザインするものだ。日本の会社員はその認識を取り戻さなければならない。ここであらためて、キャリアという概念についておさらいしてみたい。

E・H・シャインは、キャリアを「外面的、内面的に個人の概念を構成している階級」と定義し、一方でD・T・ホールは「あるひとの生涯にわたる期間における仕事関連の諸経験と結びついた態度や行動における個人的に知覚された連続」と定義している。

■キャリアとは？

キャリアとは、「職務経歴」（キャリアの客観的側面）であり、仕事に対する自己イメージや自己同一性（キャリアの主観的側面）である。

出典：『キャリアデザイン入門［Ⅰ］基礎力編』（大久保幸夫著、日本経済新聞出版）P13-14

そして、我々が普段から肌感覚として理解していたり、場合によっては何かの節目に実感したりする通り、キャリアには2つの側面がある。

キャリア・アンカーという側面とサバイバルという側面だ（図表17）。我々は、サバイバルだけのために生きているのではないし、多くは職業人としてのキャリアにサバイバル以上の何かを求める。だが、その一方でサバイバルできなかったら自分らしく生きていくこともできない。したがって、我々は（あくまで個人差はあれど）これら2つの側面のバランスに配慮した上で、キャリアというものを主体的に考える必要がある。

■ 図表17 キャリアの2つの側面

キャリア側面	アンカー	サバイバル
定義	個人が職業人として長期的な基盤に立ち、どのようなキャリアの転換点をくぐろうとも犠牲にしたくないもの	個人が周囲の要望にこたえてキャリアの転換点（または修羅場）において、脱線せずに適応し、生き残ること
作業と方向性	自分の内面を見つめる 内から外へ（In→Out）	外的な変化へ適応する 外から内へ（Out→In）
時間軸	長期的 （長いキャリアを歩む）	短期的 （今をうまく歩む）
観点	主観的	客観的

我々はサバイバルだけのために生きているのではないが、
サバイバルできなかったら自分らしく生きていくこともできない。

■ 図表18　キャリア形成の基盤　E・H・シャインの問い

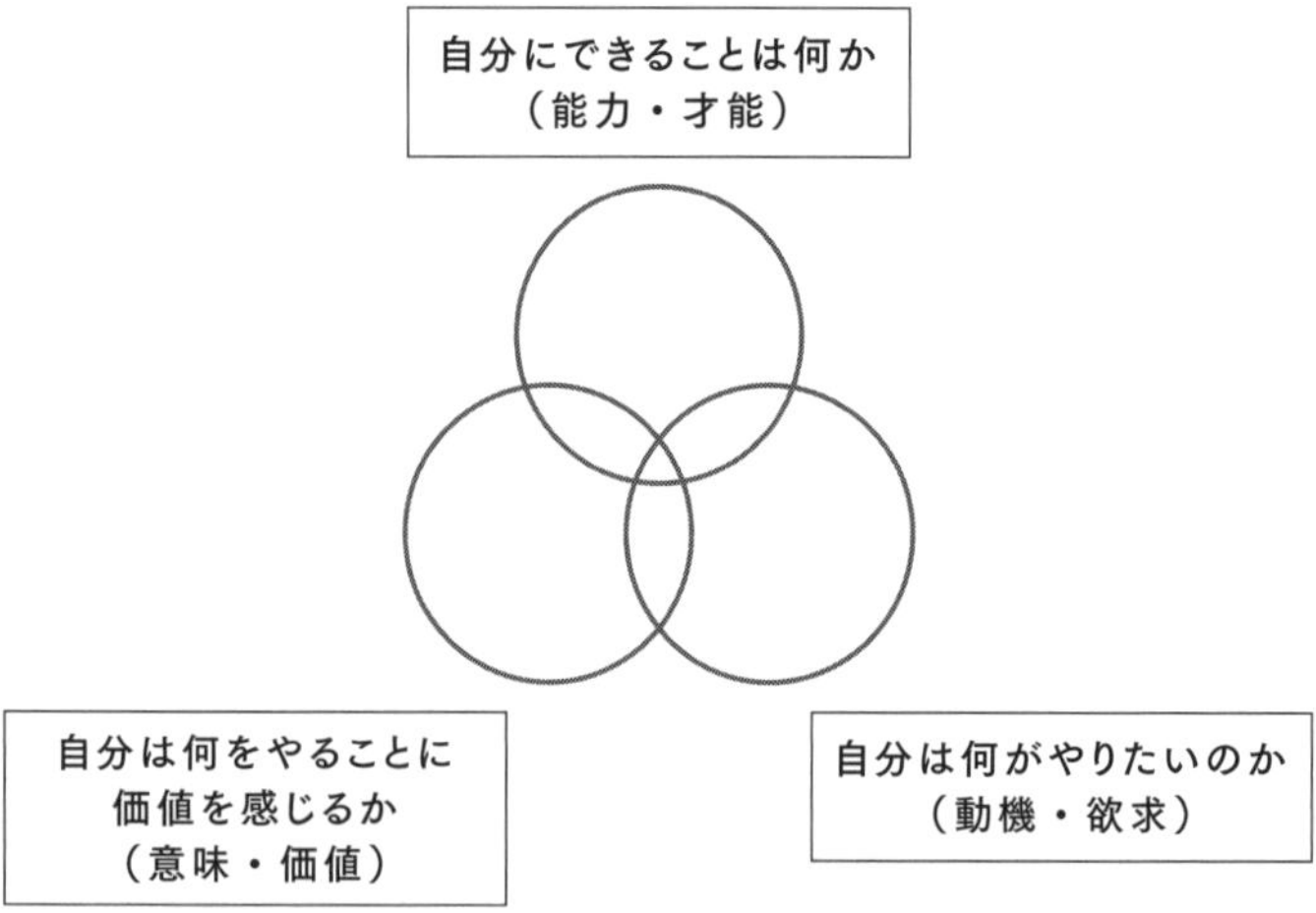

能力＝職務遂行能力
　　＝「体力」×「適性」×「知識」×「経験」×「性格」×「意欲」
（日本経団連定義）

　では、主体的に考えるとはどういうことか。E・H・シャインは、各主体が上表の3つの問いに答えることで、キャリア形成の基盤が明らかになるとしている（図表18）。

　但し、この問いにただ答えればよいというものでもない。先ずは、この問いに答える自分自身に注意を払ってほしい。

　特に、自尊感情の低い日本人が気を付けなければならないのは、**キャリアの基盤を明らかにする問いを自らに対して発する前段で、自身を抑々（そもそも）低く見積もっている可能性がある**ということだ。

「アナ雪」挿入歌が教えてくれること

「自分が自分のことをどのように考えているか」または「自分に対してどのような思い込みをもっているか」という自己認識のことをセルフイメージという。具体的にセルフイメージとは、たとえば次のような自己認識を指す。

私は明るい。
私は社交的だ。
私は引っ込み思案だ。
私は不器用だ。
私は何でもできる。

セルフイメージは、自分自身がこれまでに受けてきた教育や受けいれてきた／拒絶してきた価値観、所属するコミュニティーの規範やルール、常識、ほか成功や失敗なども含めた過去のあらゆる経験から成り立っている。

したがって、たとえば環境を変えて経験が変われば、セルフイメージも変わるのだが、いったんセルフイメージが固定してしまうと同じような経験、同じような結果ばかりを追体験し、自己認識は良くも悪くもますます強固になる。

だが、将来に向けて意識的にセルフイメージを変えることもできる（実際、現に保持しているセルフイメージを明らかにし、それを変えようとするトレーニングもある）。ちなみに、映画「アナと雪の女王」の挿入歌『Let It Go～ありのままで』（歌手：松たか子）は、主人公エルサがセルフイメージを書き換えようとする決意と実践そのものである。

このようにキャリアとは、自身を見つめ、自身と相談しながら考えていくものであり、その際には、次のようないくつかの視点に留意し、念頭におく必要がある。

■キャリアを考えるいくつかの視点

①時間幅が長い。
②モチベーションとは異なる視点がいる。
③節目だけはしっかりデザインすべきものだ。
④自分らしさ、自己イメージ、自己概念にかかわっている。

⑤特別なひとの問題ではなく、だれもの問題だ。
⑥それを節目でデザインすることが、個人にとっての戦略になる。

出典：『キャリア・デザイン・ガイド』（金井壽宏著、白桃書房）P49

その際、我々日本人の多くにとって当たり前の（セルフイメージを形成する）要素／属性（＝日本人の性格）を、あらためて意識し、キャリア形成に活かそうとすることも個人にとっての戦略となる。

「地味に頑張れるという能力」をバカにしていないか

学び、キャリアを戦略的に選び取ることが重要なことは分かった。では何を、どういう指針で選び取るかが次に重要となり、それは一つに**基礎学習**であるということも分かった。

そして更には、選び取った学問やキャリアをモノにしようとする姿勢や頑張りも必要だろう。要は、時に「（異論、反論はあれど）1万時間の法則」に挑む覚悟と実践が試されるとして、果たして日本の会社員は、このような性格特性を持ち合わせているだろうか。

ここで、統計数理研究所が「日本人の国民性　第14次全国調査」（２０１８年）でまとめた「日本人の性格（長所）」を紹介する。それは次の問いに答えることである。

つぎのうち、日本人の性質をあらわしていると思うコトバがあったら、いくつでもあげてください

そして、この問いに対する選択肢は、次の12個である。

①合理的
②勤勉
③自由を尊ぶ
④淡泊
⑤ねばり強い
⑥親切
⑦独創性にとむ
⑧礼儀正しい
⑨明朗
⑩理想を求める

⑪その他
⑫D・K（Don't know：わからない）
そして選択の結果、次の４つが他の選択肢より多く選ばれた。
②勤勉
⑧礼儀正しい
⑥親切
⑤ねばり強い

これら４つは、いずれも前回２０１３年調査より数値を落としてはいるが、結果の概要でも触れている通り、古くからよく選ばれ、日本人が自負する点であるし、多くの国民のセルフイメージに影響を与えていることも間違いないようだ。

ちなみに、日本人の国民性調査そのものは日本人の自己評価であるが、海外においても日本人の「勤勉さ」「礼儀正しさ」など「真面目さ」は万国共通の認識となっており、さらに「気さくさ」「やさしさ」も日本人のイメージとして挙げられている。したがって、日本人の性質は（あくまで統計においてではあるが）、自己評価も他者評価も概ね一致していると言えるだろう。

日本人には地味に頑張れる能力というものがあるのだ。

また、韓国銀行が08年に発表した「日本企業の長寿要因および示唆点」と題する報告書のデータによれば、世界には創業以来200年以上の歴史を誇る企業が41カ国に5586社あり、その約6割は日本にある。同行は、日本企業がこのような長い歳月に耐えることができた秘訣のひとつとして「透徹した職人精神」を挙げている。

AI VS職人、現時点ではどちらに価値があるか

日本人・会社員の地味に頑張れる能力、真面目さ、そして職人精神はAIに対抗できるのだろうか。

ここで、AIというものが提供する価値と職人が提供する価値を比較してみたい。

AIは、ビッグデータを統計やパターン認識などにより瞬時に解析し、標準というものを提示し、また逆に標準から外れるものを検知する技術に優れている。たとえばそのような技術を駆使することにより、人手をはるかに超えたスピードで、会計書類の改ざんや契約書類の不備を指摘することができるのだ。

一方、職人技とは標準を超えた価値を提供するものである。

いずれＡＩはますます進化（高度化、複雑化）し、それまで一部の職人にしか成し得なかった価値の提供とそのための技術をも取り込んでいくのであろう。

しかしながら、少なくともシンギュラリティ（技術的特異点）に至るまでは、**ＡＩより地味にすごい人々がＡＩに知見を提供し、ＡＩを進化させる**のである（なお、ビジネスにおいて、マスマーケティングから外れたニッチなマーケットに価値を提供すべく、ＡＩに多額の投資をするか、採算はとれるかはまた別問題である。ＡＩが参入しないニッチなマーケットでは、これまで同様、地味に頑張れる真面目な職人が代替不可能な価値を提供するのだ）。

「基礎学力がある、真面目、親切」の価値は衰えない

少し先の話になるかもしれない。しかし、これからは「人間」と「ＡＩ」が同じ『仲間』として働く時代がやって来るだろう。

そのために、人間はＡＩに善悪の判断を教えなければならない。なぜなら、まだ部分的、限定的にではあるが、ＡＩは人間より頭がよく、力も強いからだ。その頭や力を野放図に

使われては人間の心と身体が危険にさらされることになる。

ちなみに、これまでも「ロボットの道徳」については考えられてきた。

「ロボットの道徳」という構想は、実はいまに始まったものではありません。古くは「アシモフの三原則」が有名です。みなさんのなかにも、聞いたことがある人も多いのではないでしょうか。

これは、アメリカのSF作家アイザック・アシモフがその小説の中で述べたもので、

第一条：「ロボットは人間に危害を加えてはならない。また、その危険を見過ごすことで、人間に危害を及ぼしてはならない」

第二条：「ロボットは人間に与えられた命令に従わねばならない。ただし、与えられた命令が、第一条に反する場合は、この限りでない」

第三条：「ロボットは、前掲第一条および第二条に反するおそれのないかぎり、自己をまもらなければならない」

というものです。

この三原則は、あまりに有名で、一部の人々はロボットの従うべき道徳律の決定版のように扱っていますが、私が見るかぎり、根本的に大きな問題をはらんでいて、このま

までは使えないと考えています。

出典：『東大教授が挑むＡＩに「善悪の判断」を教える方法』（鄭雄一著、扶桑社新書）Ｐ７―８

では、なぜこのままでは使えないのか？

それは、これまでの哲学や宗教のように、人間を中心とした教えでは、戦争によるヒトの大量虐殺や死刑制度などを説明することができないからだ。

だから、ＡＩへの道徳教育は、「人間を傷つけてはならない」から「仲間を傷つけてはならない」ということになり、その仲間には当然ＡＩも含まれることになる。

では、なぜＡＩも仲間に含まれるのか？

それは、ＡＩは仲間である人間を仲間でない人間から守らなければならないし、ＡＩが仲間でない人間から攻撃を受けた場合に、ＡＩは自分でその身を守らなければ、仲間にとっての損失になるからだ。

したがって今後、ＡＩに搭載する道徳は「仲間の範囲」と「共感の範囲」が基軸となるというのが、同著者の見解である。

ハラスメント研修講師がみる、パワハラ常習者の特徴

ただ、当然だが、今後、人間とＡＩが共存する仲間関係にも能力差があるし、むしろその差は人間だけの仲間よりも圧倒的に拡大していくだろう。

そして資本家や経営者は、その能力差に対してカネを払い、身分を保全しようとするのだ。

その際、その能力のいかんを問わず、「ＡＩは人間に仕えるモノ」という考えに固執する人材が、コンプライアンス違反を犯すことは容易に推察される。

たとえば大企業において、２０２０年6月からハラスメントの防止が法律上の義務となり（中小企業は22年4月から）、それまで労働基準監督署に寄せられていたパワハラの相談件数は年9万件に迫る勢いだったが、20年には減少傾向を示した。しかしながら、21年にはパワハラに関する意識の高まりもあってか、19年当時に迫る勢いで相談が寄せられた（図表19）。

■ 図表19 パワハラ問題の動向

民事上の個別労働紛争相談件数の推移（令和3年度）

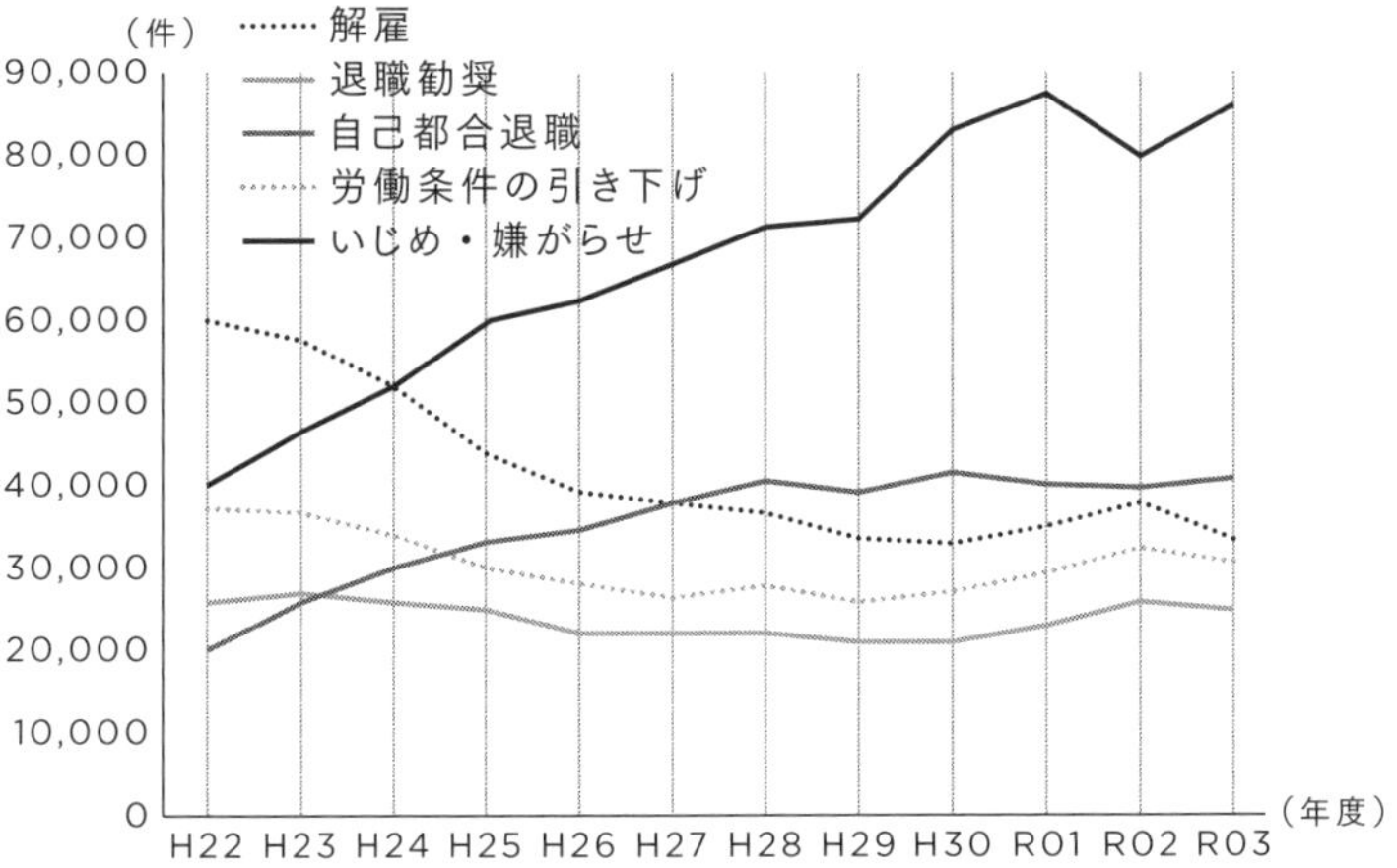

出所：厚生労働省「令和3年度個別労働紛争解決制度の施行状況」

そのような背景において、企業からハラスメント研修の講師として呼ばれる筆者は、少なくとも一部の受講者をどう見ているか。

彼らは**真面目に取り組んでいない。自分には関係ない、もしくは自分の在り方を特に見直す必要はない高を括っている。**

いまだに「パワハラってうさぎ跳び何回とかそういうことか?」とうそぶく輩もいる。それでも大企業の管理職かと耳を疑う。

そしてそのような輩こそが、（勿論すべてではないが）方々から内部通報を受けているパワハラの常習犯なのだ。

研修を所管するコンプライアンス部門の担当者は、こう言う。

「今回の研修は、一部の受講者にとっては最後通告ですから」

ＡＩには、人種差別、男女差別のリスクがある

これは当たり前の話であるが（少なくとも筆者はそう認識している）、コンプライアンスやハラスメント問題を扱う際、扱う側の個性というものは求められないし、尊重もされない。問題に対するユニークな解釈や我流の正義というものは必要ないのだ。

そしてこのような問題は、ＡＩの側にも起こっている。

現在、モノづくり、金融取引、建設、医療そして雇用など、ビジネスは勿論、ＡＩは社会の様々な分野で活用が進んでいる。その一方でＡＩが引き起こす倫理問題が明るみになってきた。

このような背景を受けて、欧州をはじめとする国や組織は、ＡＩ倫理原則やＡＩ倫理ガイドラインを策定しており、たとえば国際機関ＯＥＣＤは、ＡＩに関する初の政策ガイドライン「ＯＥＣＤ ＡＩ原則」を、日本では内閣府が「人間中心のＡＩ社会原則」を公開している。また、より実践に近いガイドラインとして総務省が「ＡＩ利活用ガイドライン」を、経産省が「ＡＩ原則実践のためのガバナンス・ガイドライン」を発行している。

また、ＡＩの活用による社会の混乱を避けるため、法による規制の動きも進んでいる。

たとえば欧州委員会によるＡＩ規制案では、次のようなＡＩの使用を「受容できないＡＩ」と位置付け原則禁止している。

ＡＩによる人の潜在意識への操作
社会的スコアリングの利用
公的空間での法執行目的の遠隔生体認証　など

ちなみに、社会的スコアリングとは、様々な個人情報から、当該個人の社会的信用力を予測し、数値化する信用スコアリングなどのことを指す。また、遠隔生体認証は、警察当局が行方不明の子供を捜索するといった特殊な事例を除き、社会の大規模監視につながるため禁止している。

また、人の生体認証や分類、重要インフラへの適用などを「ハイリスクＡＩ」としてリストアップし、それらの利用には多くの義務を課し、違反した場合には膨大な罰金を科すものだ。

他にもアメリカでは、連邦政府関係者が顔認証技術を使用することを禁止する法案

“Facial Recognition and Biometric Technology Moratorium Act”が提出され、またサンフランシスコシティの警察が、顔認証技術の使用を禁止するなどの動きもある。

では、このような禁止や制限の背後にある倫理問題とはどのようなものか。

具体的には、AIによる顔認識をめぐっては、白人よりも黒人のほうが誤認識の割合が高く、警察の誤認逮捕の事例も相次いで明らかになっている（人種による差別）。

また、もともとIT企業に技術職を求める人材は、圧倒的に男性が多かったため、過去10年にわたる履歴書のパターンを学習したAIが、男性の履歴書に偏向して高い評価を与えるようなった（性別による差別）。

このように、AIの機械学習は過去のデータに基づいて行うことから、データそのものが十分でない場合や、現に社会に存在する差別および不公平を反映したデータを学習してしまうことで、AIの判断にも偏りが生じることがあるからだ。

「目配り」「気配り」はこれまで以上に価値をもつ

我々が、AIと共存共栄していくためには、新しい枠組みの倫理や道徳というものに真面目に、真摯に向き合っていく必要があるのだが、このご時世においてもハラスメントの考え方に我流を持ち込んだり、理解を保留して茶化したりする会社員を、信頼することは難しいかもしれない。

特に、企業はこれから「ＡＩに使用される人材」「ＡＩと協業できる（か定かでない）人材」に対して、コンプライアンス上の注意を払わなければならない。

たとえば、新たにこんなルールを設けなくてはならないのだ。

「人間・社員はＡＩ・社員を差別してはならない」
「人間・社員はＡＩ・社員の電源を勝手にオフにしてはならない」
「人間・社員はＡＩ・社員の経済合理的な判断を阻害するような情報の隠ぺい、歪曲をしてはならない」

今後、企業はある社員の括り、少なくとも「ＡＩに使用される人材」よりは、経済合理性の見地からＡＩを重視する。そして「ＡＩに使用される人材」、また一応「ＡＩと協業できる人材」にカテゴライズされているが、能力面、感情面でついていけない人材は、自身の自尊感情の低下から、ますます多くのコンプライアンス問題を引き起こすことだろう。

ましてや、これからはＡＩと人間が結婚する時代である。

ＡＩに無理解な上司が、職場のＡＩに放つひと言や不適切な行為が、ＡＩをそしてパートナーである人間を傷つけるのである。

企業は、このような人間・社員がＡＩ・社員に対してもたらす不利益を看過しない。なぜなら、優秀なＡＩ・社員が企業経営上、上司・人間・社員よりはるかに重要な役割を果たしており、そのために莫大な投資をしていることも、株主ほか利害関係者にとって周知の事実だからである。

結果、経営層はＡＩ・社員でなく、人間・社員を裁くことになるのだ。これが今後の企業活動、その方向性であると筆者は認識しているが、果たして私には関係のない話、そんな未来はやってこないと思う読者もいるだろうか。

いずれにせよ、本書の読者は多くが（筆者もそうだが）「ＡＩと協業できる人材」だと推察するが、協業するためには基礎能力が必要だし、またＡＩと共存するための倫理や道徳と真面目に向き合えなければならない。そしてこれは後にも触れるが、**ＡＩと協業する際には、これまで以上に「目配り」「気配り」「心配り」が価値をもつ**ようになるだろう。

そもそもＡＩは、特定の目的を達成するために先鋭化した能力を備えており、かつその目的が限定されているほど高い能力を発揮する。だが、ＡＩの恩恵を直接もしくは間接的に受け取るのは多くの場合人間なのだ。

今後は、ＡＩと人間をつなぐサービス職が新たにうまれるものと推察するが、当該職種のカギとなるのは**「親切」**[1]だと考えている。

日本人の性格として挙げられる「親切」の市場価値については、またあらためて触れる。

1 親切
相手の身になって、その人のために何かをすること。思いやりをもって人のためにつくすこと。また、そのさま。「人の―にあずかる」「―を無にする」「―な応対」
出典：『デジタル大辞泉』（小学館）

8割は「これまでやってきたこと」で大丈夫

ここで一度、日本企業の会社員に求められる「これからのキャリア課題」について整理してみよう。

不確実性、変化への適応
生涯キャリアの自律的管理

これから会社員は、常にこれらのキャリア課題と向き合っていく必要がある。但し、多くの場合、独立独歩でというわけではない。

会社員には、会社という心強いサポーターがいるからだ（但し、かつてのように、生涯にわたって面倒を見てくれるという保証はないが）。

そして会社は、社運をかけて人材に投資をする。社業のために活用するパソコンや携帯電話も貸与してくれる。一方、これは先にも述べたが、たとえばリスキリングにしても、これまでのキャリアを通じて培ってきたスキルを捨てて、何か全く新しいスキルを身に付けるような代物ではないだろう。

そして、**商用のＡＩが発達すればするほど、会社員がもつ「社会人としての基礎」の価値は上がる**。たとえば読者のような会社員は、ＯＡ機器を高いレベルで操作することができるし、コンプライアンスもしくはハラスメントに対する教育も受けている。なにより経産省が発表した「社会人基礎力」（Ｐ１３８）などは、その多くがまさに御社の人事評価項目そのものなのだから。

要は、会社員という職業には、おのずからＡＩと協業するために必要な素地が整っているのだ。

したがって、**今後のキャリア課題への取り組みについて、8割は「これまでやってきたこと」で対応できる**のである。

ただし、**今後いわゆるジョブ（仕事）に向かう際の留意点や2割の「＋α」については、しっかりと押さえておきたい。**

今後、磨いていくべき2割の「＋α」とは

先ずは留意点について。ジョブ型雇用は、コロナの影響もあり日本企業にも急速に導入されつつある。だがこれは、ある職種とポストが対応すべき職務範囲や求める能力要件を標準化し、労働市場において当該ジョブの価値相場を一定にすることに他ならない。

もともとジョブ型雇用は、雇用「契約」の対象や範囲を明確にすることで、訴訟およびそのリスクを軽減するものであるが、その一方で、当該ジョブのコモディティー化[1]を加速するものでもある。

生涯キャリアの自己管理時代は、自らのキャリアを常にユニークなものにデザインし更新し続ける努力が求められる。

ただし、ユニークさとは、必ずしも超難関資格に合格することではない。

むしろ、たとえば一部の有資格者業務は、取得者の間でコモディティー化が進むものであるし、ほかにも実務を執り行う際に厳密な標準的知識、スキルのようなものが求められる職種（厳格なマニュアルオペレーションが求められる職種）のほうが、AIに代替されやすい。

要は、単に資格を取得しさえすれば安泰という時代ではないということだ。

それでは結局、不確実性、変化への適応、そして生涯キャリアの自律的管理とはどういうことなのか。

それは、**働き手として我々個人が社会の変化や変革をとらえて、自分自身を進化させながら、社会に適応していくことが重要**だということである。つまり、先ずはこれまで会社が管理してきた私のキャリアを、これからは私自身が管理するのだという意識のパラダイムシフトが、これまで数次にわたる産業革命によって変化し、これからも大きく変わる社会を生きていくためには必要不可欠なのである。

また、あわせて重要なことは、**社会の変化に自分自身を短期間に、速やかに適応させる**ということだ（たとえば一部のセミナー講師は、それまで集合形式で実施していた会合や研修を、オンライン形式に切り替えることができずに廃業していった）。

そして、会社員の自律は会社をも進化させるはずだ。社員個人が変われば組織も変わり、会社が強くなってビジネスが成長する。これこそがエンゲージメントを中心に据えた会社と社員の好ましい関係だと言えるだろう。

1 コモディティー化
類似の商品の機能・品質に差がなくなり、どれを買っても同じという状態になること。汎用品化。
出典：『コトバンク』（小学館）

いまどきの部下は、あなたと会社に何を期待しているのか

ここで読者に問いたい。

あなたの部下は管理職や職場、組織に対して何を求め、また何を期待しているのだろうか。厚労省が外部に委託した報告書（三菱ＵＦＪリサーチ＆コンサルティング「今後の雇用政策の実施に向けた現状分析に関する調査研究事業報告書～企業の雇用管理の経営への効果～」）〈２０１５年

度厚生労働省委託事業〉などを読み取るに、それは「自己の成長欲求に寄り添い、応えてくれること」だと認識した。

だが、あなたの部下が上司や会社に求め期待するのは、自己の成長欲求の充足、それがすべてだろうか？

筆者なりに、このジグソーパズルを完成させる。つまり、この問いに答えるためには、まだいくつか足りないピースがあるようだ。

そのピースとは、近年人材マネジメントに関連する領域で、ますます注目されるようになった「エンゲージメント」と「心理的安全性」というビッグキーワード（インターネット上の検索回数が多いキーワードのこと）である。

では、まず、エンゲージメントから見てみよう。エンゲージメントとは、約束、契約、誓約、婚約、債務などの意味をもつ英単語であり、ここでは「個人と組織がお互いに信頼を寄せて一体感を醸成し、双方の成長に貢献しあう関係」のことを指す。

なお、個人と組織との関係に関する諸概念と違いは、凡そ次のようになる。

■個人と組織との関係に関する諸概念

- ロイヤルティ　　　主従による関係
- 従業員満足度　　　対価による関係
- エンゲージメント　貢献による関係

先ず、ロイヤルティは「個人が組織にもつ愛社精神や忠誠心のことであり、組織と個人は主従による関係」を結んでいる。この定義からも読み取れるように、組織と個人の関係は対等ではなく、個人は組織に所属することで得られるメリットを享受する見返りに、当該組織に服従し、献身することである。

次に、従業員満足度は、「個人が組織から受け取る処遇への満足度合であり、組織と個人は対価による関係」を結んでいる。組織と個人の関係は、本来等価交換を持ってすれば対等であるが、個人が組織から受け取る処遇への満足度という観点からだけ見れば、組織と個人は対等ではない。実際、個人の満足が、必ずしも組織の成長や業績向上など、組織の満足につながらない結果にもなり得る。

では、これらの概念に対して、エンゲージメントは、どう個人と組織の関係を形成するのだろうか。エンゲージメントは、先に定義したとおり、個人と組織は双方の成長に貢献し合う対等な関係である。したがって、個人と組織の満足に共通する要素に対し、手を携えて持続的に高め合うことができるのである。

部下が上司や会社に求める2つのこと

ここで簡単にではあるが、筆者の発した問いと（暫定的に置いてみた）答えを照合してみたいと思う。

問い「部下は管理職や職場、組織に対して何を求め、また何を期待しているのだろうか」
答え「個人と組織がお互いに信頼を寄せて一体感を醸成し、双方の成長に貢献しあう関係」

厚労省の調査報告によれば、**部下は管理職や組織に「自己の成長欲求に寄り添い、応えてくれること」を求めている。**そして、その成長は双方の成長でなければならない。なぜなら、どちらか一方だけが成長し、他方が成長しないのであれば、いずれ双方の関係性を維持し続けることはできなくなるからだ。

では、双方の成長が個人と組織の満足に共通する要素だとして、次に「個人と組織が『お互いに信頼を寄せて一体感を醸成』し、双方の『成長に貢献しあう』関係」の『』内をどのように捉えれば、最もよく部下の求めに応じることができるのだろうか。

ここで、もう一つのビッグキーワード「心理的安全性」について探索してみよう。

心理的安全性という言葉は、あるプロジェクトの成果報告をもって、広く知られるようになった。あのグーグル社が「生産性の高いチームの条件は何か」「最高のチームをつくる要因は何か」を特定するため、2012年に「プロジェクトアリストテレス」と名付けた調査を開始、何百万ドルもの資金と約4年にわたる歳月を費やして、ついに答えを見つけ出したのだ。それが心理的安全性である。

心理的安全性とは、大まかに言えば「みんなが気兼ねなく意見を述べることができ、自分らしくいられる文化」のことだ。より具体的に言うなら、職場に心理的安全性があれば皆、恥ずかしい思いをするんじゃないか、仕返しされるんじゃないかといった不安なしに、懸念や間違いを話すことができる。考えを率直に述べても、恥をかくことも無視されることも非難されることもないと確信している。わからないことがあれば質問できると承知しているし、たいてい同僚を信頼し、尊敬している。

職場環境にかなりの心理的安全性がある場合、いいことが起きる。まず、ミスが迅速に報告され、すぐさま修正が行われる。グループや部署を超えた団結が可能になり、驚くようなイノベーションにつながるかもしれない斬新なアイデアが共有される。つまり、複雑かつ絶えず変化する環境で活動する組織において、心理的安全性は価値創造の源として絶対に欠かせないものなのである。

出典：『恐れのない組織　「心理的安全性」が学習・イノベーション・成長をもたらす』（エイミー・C・エドモンドソン著、野津智子訳、村瀬俊朗解説、英治出版）P16～17

グーグル社が考える「効果的なチーム」の第一因子

グーグル社は、効果的なチームの条件を特定する過程で、チームの効果性に影響を与える因子を5つ揚げた。それが「心理的安全性」「相互信頼」「構造と明確さ」「仕事の意味」「インパクト」である。

グーグル社は、これらの因子について、チームのメンバーが個人として直感的に認識できるように、またチームが組織として客観的に把握できるように、様々な取り組みを実践している。

リサーチチームは、一連の調査を通じて、これら5つの因子のうち圧倒的に重要なのが「心理的安全性」であると結論付けた。

そして「心理的安全性は、他の4つの因子の土台」、これがプロジェクトアリストテレスを主導した研究者ジュリア・ロゾフスキが記した極めて簡明な結論である。

このように、心理的安全性に関する見解やその重要性に対する示唆から、筆者が示した本書のテーマにかかわる問いとその答えに、心理的安全性が大きくかかわることが明らかになった。

問い「部下は管理職や職場、組織に対して何を求め、また何を期待しているのだろうか」

答え「個人と組織が互いに信頼を寄せて一体感を醸成し、双方の成長に貢献しあう関係」

それでは、どうしたら組織の心理的安全性は高まるのか。筆者は実務家として、これまで多くの企業を実地検分してきた。その記憶から、心理的安全性という言葉が市民権を得るにいたっていない組織を思い浮かべることもできるし、またこの概念を定着させたいと切に願っている経営者も思い浮かべることができる。

いずれにせよ、組織に心理的安全性という概念と実質を定着させるためには、多角的なアプローチおよびその組み合わせが必要なわけである。

では次に、また別の角度から、エンゲージメントという観点から望ましい組織の条件について検討したい。

日本で「ティール組織」は実現可能なのか

『ティール組織　マネジメントの常識を覆す次世代型組織の出現』（フレデリック・ラルー著、鈴木立哉訳、嘉村賢州解説、英治出版）が数年前から話題になっている。

２０１８年１月に日本語版が発売されて以来、当の日本においてその反響が極めて大きいようだ。

ティール（進化型）組織は、既存の組織モデルが抱える限界を打開する突破口として論じられており、その突破口は「自主経営《セルフ・マネジメント》」「全体性《ホールネス》」「存在目的」から成る。

▼自主経営《セルフ・マネジメント》――進化型《ティール》組織は効果的に機能するための鍵を見つけ出した。大組織にあっても、階層やコンセンサスに頼ることなく、仲間との関係性のなかで動くシステムである。

▼全体性《ホールネス》――職場に行くときには、狭い「専門家」としての自己をまとい、もう一つの自分の顔はドアの外に置いておけ――組織とは、そこで働く人々に常にそういうことを期待する場所だった。そうした組織の中では、男性的な強い意志、決意と力を示し、疑念と弱さを隠すよう求められることが多い。合理性がすべてであり、情緒的、直感的、精神的な部分はまず歓迎されず、場違いだと見なされてしまう。進化型《ティール》組織は、私たちの精神的な全体性《ホールネス》があらためて呼び起こされ、自分をさらけ出して職場に来ようという気にさせるような、一貫した慣行を実践している。

▼存在目的――進化型《ティール》組織はそれ自身の生命と方向感を持っていると見られている。組織のメンバーは、将来を予言し、統制しようとするのではなく、組織が将来どうなりたいのか、どのような目的を達成したいのかに耳を傾け、理解する場に招かれる。

出典：『ティール組織　マネジメントの常識を覆す次世代型組織の出現』（フレデリック・ラルー著、英治出版）P92〜93

コロナにより、それまで導入が遅々として進まなかったテレワークが定着した中、上司はマネジメントスタイルも変えていかなければならないのだが、それができない上司が部下に対して、マイクロマネジメント（過度に干渉するスタイル）などをしてしまいがちだ。そうならぬよう、多くのマネジャーが次世代型の理想的な組織を求めて、同書を手に取っているのだろう。

達成型組織と進化型組織の違い

ちなみに、ティールと名付けられた進化型組織は、達成型組織などいくつかの組織モデルと対比される。

たとえば**達成型組織**の特徴として、「頑張らないと市場やライバル企業から淘汰され、生き残れないという恐れに訴えかけるマネジメント、役割や肩書、上下関係を前提とするピラミッド型の組織、そして実力主義・能力主義など競争原理の採用」だ。

それに対して**進化型組織**では、「常に組織の社会的使命や存在目的に立ち返るマネジメント、社員各人が役割や肩書、上下関係をもたない中で自主経営し、自身のすべてを職場に持ち込み、すべてをさらけ出して仕事をする」。

筆者もどちらかと言えば達成志向の強い組織に所属してきたし、組織が求める様々なプレッシャーにも耐えてきた。また、このような組織は、たとえば上下関係に不慣れだと言われているゆとり世代などにも、多大なストレスを与えていることは想像に難くない。

そんな筆者や一部のゆとり世代などにとって、ティール組織はパラダイスのように思えるし、組織やそこで働くメンバーが活性化することは容易に想像がつく。

アドラー心理学から考える理想的な組織

また、『嫌われる勇気』『幸せになる勇気』（岸見一郎・古賀史健著、ダイヤモンド社）などのベストセラーにより、日本でも定着した感のあるアドラー心理学の見地からも、このような組織が社員の好ましい資質や能力を引き出すことが分かる。なお、アドラー心理学は、5つの基本前提と呼ばれる理論から構成されており、生涯キャリアの自己管理を考える上で興味深い。

先ず、人は自分が「こうなりたい」とする目的や目標に向かっていく力があり（前提①：

目的論)、その過程において、人は必ず主観的な意味づけを通じて世界を見る（前提②：認知論）。そして、その認知のメカニズムを肯定的に捉えることで、たとえば自分は理想に達していないという劣等感も、理想の自分を見いだすために活用することができるのだ。

また、人は絶えず社会とのつながりの中で生きており、悩みはすべて対人関係に起因する（前提③：対人関係論）が、その一方で、人はすべてを自分で決められる（前提④：主体論）ことを忘れてはならない。

したがって、対人関係の悩みも課題を分離することにより解決することができる。たとえば私は常にあなたを尊重しつつ、あなたはあなたの課題に、そして私は私の課題に集中することで、対人関係にまつわるストレスから解放されるのだ。

たとえば、このような考え方をとり入れることにより、上司の機嫌や顔色を伺う必要もなくなる。上司が不機嫌なのは、本人に解決すべき課題があるからであり、当然であるが、それは私が取り組むべき課題ではない。

また他方で、人は何からも分けることができない存在である（前提⑤：全体論）。

したがって、自分は共同体の一部であるという共同体感覚（所属、安全、貢献の感覚から構成。自己受容を尺度に含める説もある）を保持し、仲間を尊重し幸せにすることが自分の幸せにつながるのだ。

和を大事にする日本企業のメンタリティは価値を持ち続ける

さて、これまでティール組織の長所を論じてきたが、短所もある。それは、進化型組織が成立するためには、そこで働くメンバーのすべてが高いレベルで自律し、またモラールも高いレベルで維持されていなければならないということだ。

たとえば上司と部下の関係において、上司が部下を信頼し、尊重してはじめて課題を分離することができる。

しかしながら、部下の習熟度が低ければ、課題を分離してもその課題はなんら解決を見ないまま、放置されることにもなるだろう。実際、日本企業には実務能力を備えていない新卒を採用し、企業内で正規の給料を払いながら教育を施すという慣行がある。

それだけではない。日本には欧米社会のようにキリスト教という確固とした道徳的基盤がないため、社会人としての道徳教育も担ってきたのだ。

それに対して、欧米企業には新人というものが存在しない。彼らは学生のうちから長期のインターンシップを経験するか、職業訓練機関などに進学し、フルタイムまたはパートタイムで働きながら、実務能力を自分で身に付けるのだ。それに勿論、企業が道徳教育など施すこともあり得ない。

また通常は、どのような組織にもフリーライダー（ただ乗り）は生まれるものだが、これを決して許してはならない。悪貨は良貨を駆逐する、そのような事態を根絶できなければ、ティール組織は案外もろいかもしれないのだ。


人生におけるあらゆる失敗の原因は、自分のことしか考えていないことにある。

アルフレッド・アドラー

自分のことだけを考える。

他人を優先して自分を犠牲にする。

アドラー心理学は、このどちらにも偏ってはならないとしている。この心理学が繰り返し説くのは、「わたしとあなたの課題を切り離して、わたしの課題にのみ集中し、わたしを幸せにすること、その上であなたを幸せにしようとすること」である。

なお、この教えは自尊感情と自己有用感（人の役に立つ）の間に有意な相関がある日本人が、生涯キャリアと生きがい（生きる目的）とを強く結びつけて考える上で、大いに参考になるだろう。また、ティール組織は、このように成熟した心理をもつ大人によってこそ創造されるのである。

ここであらためて共同体感覚について。日本におけるアドラー心理学研究の第一人者岸見一郎氏は、共同体感覚というものを次のように解説している。

私は、共同体感覚を次の意味で解している。自分のことだけではなく、常に他者のことも考えられる。他者は私を支え、私も他者とのつながりの中で他者に貢献できていると感じられること、私と他者とは相互協力関係にあるということ、と。

人は他者と共生するこの世界から離れて生きることはできない。私は他者から影響を受けるが、同時に私も他者に影響を与えることができる。人はこのような意味で「全体の一部」であるから、自分だけが幸福になることはできない。

出典：『アドラー人生を生き抜く心理学』（岸見一郎著、ＮＨＫブックス）Ｐ96

このように、心理学の見地からあらためて組織というモノを問いなおした際、日本企業の会社員が組織の一員として特に教え込まれてきた「和を以て貴しとなす」というメンタリティは、今後とも一定以上の価値を保持し続ける可能性が高い。
但し、「現代版の」という注意書きを付記しておく必要はあるが。

2章のまとめ

- AIが労働市場に参入する時代になったとしても、そこで僕たちに求められるのは、一握りの人しかもっていないような特殊能力じゃない。AIと協業できる人間に必要なのは、僕らが磨いてきいた実務能力である。
- 地味に頑張れるという能力を僕たちはバカにしているが、これからの時代は、会社員の「基礎学力があり、真面目、親切」が大きな価値を持つ。
- 今後、産業構造や労働市場が変化しても、スキルの総とっかえをする必要はなく、8割は今までやってきたことで問題ない。

自分たちが若い頃なんて、
上司や先輩の言うとおり、
何でもやらされるのが当たり前だった。
今さら、リスキリングって言われてもなあ。
この年でゼロから新しいことを身につけて、
それで食べていくなんて、
そんなの、ちょっとなあ。

3章

会社員にこれから必要な2割の「＋α」って何だろうか？

社内にリストラの嵐が吹き荒れた。引き金はリーマンショックだった。

リーマンショック。

1850年創業、米ウォール街屈指の証券会社リーマン・ブラザーズが、2008年9月15日、米連邦破産法11条の適用を申請し、経営破綻した。これは住宅バブルの崩壊によるもので、当時多額のサブプライムローン関連証券（クレジットカードで延滞を繰り返すなど、信用力の低い個人や低所得者層を対象にした米国版住宅ローン）を保有していた同社の経営危機は、負債総額6300億ドルという米史上最大の倒産という結末を迎えた。

リーマンショックは世界的な金融危機を引き起こし、多くの金融機関に打撃を与え、企業の経営破たんや深刻な経済的困難を招いた。この危機はリーマンショック以降も長期にわたって世界経済に影響を与え、各国は金融制度の安定化や景気対策に取り組むこととなる。

なお、リーマンショック以降翌2009年7月、日本の失業率は5・6％となり戦後最高水準にまで達した（図表20）。

■ 図表20 リーマンショック前後の動向（2006年～2012年）

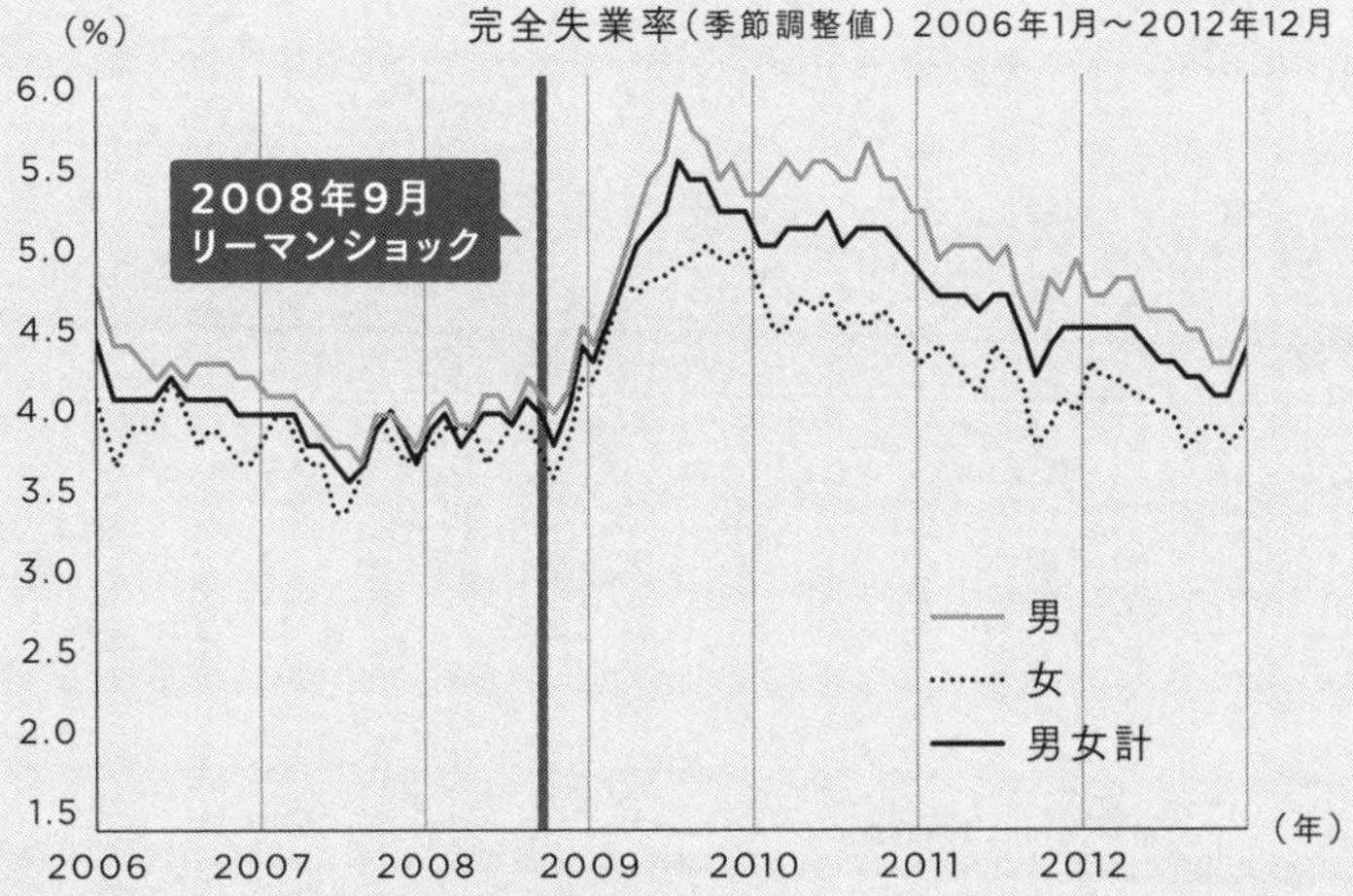

出所：総務省統計局「労働力調査（基本集計）」

「この会社には、あなたにやってもらう仕事はないんだ」

リーマンショック以降、私がかつての上司や同僚に、最も多くかけた言葉だった。

当時、私の会社は巨額の資金調達を画策していたが、メインバンクの貸し渋りによりその道が閉ざされただけでなく、更には貸しはがしを回避するためにリストラを断行せざるを得なかったのだ。

私は既定のリストラ施策を完了した後、会社に辞表を出した。社のリストラパッケージには、割増退職金とアウトプレースメント（再就職支援）会社による再就職先の斡旋があったが、私は割増退職金だけもらい、再就職先の紹介は断るつもりでいる。

それは私に未来があったからではなかっ

た。

家族は、特に家計を預かる妻は、私の再就職を強く望んだし、私もそうすべきだとは思った。企業の看板もなくなり、人事係長という肩書もなくなった私にできることなど何も思いつかなかったからだ。

ただ、そんな私に父親は声をかけた。

「うちにも少しぐらいは蓄えがあるから、頼ってもいいんだぞ」

父の言葉に、私はこの窒息しそうな状況で、息をつくことを許されたような気がした。ただ、それでも希薄な空気をかき集めるようになんとか呼吸しながら、私が考えたのはこんなことだった。

私は、私のキャリアを捨てるか、捨てないか。それとも活かすか。

ただ、今のところ活かすという選択の余地はあまりなかった。なぜなら会社の看板もなく、人事の仕事で家族を養っていけるとは、とても思えなかったからだ。少なくともこれまでと同じ生活水準を保つことは――。それに、そもそも私はリストラの片棒を担ぐ代わりに会社に残してやるという、まるで踏み絵のような契約を暗黙のうちに提示されたのだ。

誰から？　会社から？

結局、私は自分の職責を全うすることに全力を尽くし、そして会社を辞める決意をした。会社が振るう冷酷非道な暴力に、ささやかながら抵抗したかったのかもしれない。また、その時に思った。企業人事など、会社から離れて何の役に立つのか、と。何かの本で読んだが、人事の仕事なんてそれこそブルシット・ジョブ（クソどうでもいい仕事）なのかもしれない。

とにかく、私は今後のキャリアについて、誰かに心から相談したかった。たが、会社に残れた同僚や上司は勿論、再就職していった仲間内にも相談できそうな人物は思いつかなかった。ただ一人を除いて。

その人物は、管理職向けの労務研修を外部に依頼しようとしていたとき、相談に乗ってくれた有森さんだ。そして、営業職の彼が連れてきた研修講師にも、話を聞いてみたいと思っている。

日本企業社員がまず持っておくべき覚悟

人間の心に最も強いストレスを与えるのは、離別だと言われている。

離別には「配偶者の死」「離婚」「別居」などがあるが、日本企業に勤める会社員が、何かのきっかけで慣れ親しんだ職場を離れることになるとすれば、自覚の有無にかかわらず相当なストレスを感じるだろうことは想像に難くない。

それがリストラなどの場合はなおさらだ。

ちなみに外資系企業では、職場の人間関係に「同じ釜の飯を食う」という比喩表現を用いたりすることはない。

また、日本企業においてすでに崩壊したはずの終身雇用だが、プロローグで触れた通り、実際平均勤続年数は2018年にいたるまで微増ながら伸び続けた（その後、20年には、一般労働者〈男女計〉の水準が、13年、もしくは16年の水準に戻ったが、22年にはまた伸長傾向に転じた）。

更に日本人の自尊感情は自己有用感（自分は役に立つ）と密接に関係しているから、退職勧奨など他者から発せられる「あなたは役に立たない」というメッセージは、当人の自尊感情を著しく傷つけてしまうだろう。

したがって、仮に「就社」した企業を離れることになった場合に生じる喪失体験というものを、理解しておく必要がある。

「安定と従属」から「変動と独立」にどう移行するか

さて、我々は強烈な喪失体験など味わうことなく生涯キャリアを全うしたい。

そのためには、このVUCAの時代、会社員は企業の背に腹は変えられぬ事情に振り回されないための備えが必要となる。このような備えは、これから企業と社員が「個人と組織がお互いに信頼を寄せて一体感を醸成し、双方の成長に貢献しあう関係」を目指す上でも必要だ。

先に会社員とフリーランスの違いに触れたが、それはこのようなものだった。

結局、勤続20年以上の会社員は、この20年で何を得て何を失ったのか。より正確には、どのような能力が弱化したのか。

それは、「安定と従属」の対義語である「変動と独立」への適応能力である（そして、この適応能力とワークエンゲージメントには優位な相関性がある）。

安定と従属 ⬇ 変動と独立：（求められるもの）職業に対する主体性、自律性

職業に対する主体性、自律性 ⬇（得られるもの）ワークエンゲージメント

だが、**多くの会社員が一足飛びに安定と従属の対義語「変動と独立」の境地に到達することは難しい。**

なぜなら、会社員は変動と独立を目指す前に、ある弱点を克服しなければならないからだ。

行きつけのラーメン店でわかる会社員の弱点

現に今、45歳、またその上の世代の会社員、その多くは文字通り「就社」した会社しか知らない。本来であれば、我々は消費者として、実に様々な職業と関わりをもっているは

ずなのだが、多くの会社員が「就社人」であり、「消費者」でしかなかったのだ。

たとえば、出版業界で働くある編集者が、昔なじみのラーメン屋を今もよく利用しているとする。

おそらくラーメンの味や店への入りやすさ、営業時間、値段、接客などが気に入って足を運んでいるのだろう。だが、果たして当の本人は、次のようなことを考えながらラーメンを食べたことがあるだろうか。

- その店の商圏人口
- 客単価×来店人数による採算ライン
- ラーメンや餃子、ビールやハイボールの原価
- 飲食業や接客業の苦労や面白さ　など

仮に、この人物が飲食業に関わっていれば話はまったく変わってくるだろうが、そうでなければ、ラーメン一杯あたりの原価など考えたこともないだろう。同じく、ラーメン屋という接客業と自分の仕事の違いもリアルに想像したことはないはずだ。

そして、これこそが**「就社人」と「消費者」の間に視点をもたない会社員の実態**なので

ある。

だから職業に対する比較概念も持てないし、職業を相対化することもできない。その職業が好きか、それほど好きでないかも分からない。本来であれば、自分の性《しょう》に合わない仕事も、それが仕事だからと飲み込んでやってきてしまった。

そんな人材が、いきなり「変動と独立」を迫られると、堅実さや実現可能性などとは程遠い事業計画書を作成したりしてしまうのだ。

そうならないために、我々は何をなすべきか。

我々は**就社人と消費者の「間」に身を置く**必要がある。

僕たちが考えるべき「自分自身のマーケティング」

具体的な第一歩は、現に勤める会社から（心理的に）離れて、それまで漫然とお金を払って購入してきた商品やサービスなど、消費の周辺にある仕事を真摯に観察することである。

なお、観察の対象は、消費者としてだけではなく、現に勤めている会社の取引先でも勿論よい。そしてこれは、マーケティングにおけるリサーチに相当する。

■生涯キャリアの自己管理におけるマーケティング発想　RSTPB MM

R　RESEARCH　マーケット調査
S　SEGMENTATION　顧客層の細分化
T　TARGETING　私の顧客の特定
P　POSITIONING　他者との差別化
B　BRANDING　イメージの浸透
MM　MARKETING Mix　製品（サービス）、価格、流通経路、販売促進

これらは、マーケティングにおける一般的な実施ステップであるが、自身のキャリアについて、このようなステップで自分自身の〈売れる仕組み〉を考える会社員に出会ったことはほぼない。

実際、このステップを丁寧になぞる必要はないかと思うが、その一部でも自分のキャリアを考える際に参考にしたり、とり入れたりしてみると、様々な気づきや発見があるはずだ。

「この資料に目を通してみていただけますか？」

有森さんは私の前にＡ４用紙で30ページほどの資料を置いた。

私は会社を辞める前に、有森さんと連絡をとり、面談する約束を取り付けた。ただ、会社を辞めようとしていることは話さなかったし、彼も私の近況について何も詮索してこなかった。もしかしたら、うちの会社が置かれている状況を、新聞やニュースなどで見聞きしていたかもしれないが、企業のリストラなどいつの間にか当たり前の世の中になり、それを取り上げたとて、視聴率が上がったり、売上が伸びたりするわけではもうないのだろう。

上司に辞表を提出したときのこと。リストラが終結したばかりで、殺伐とした雰囲気が漂う、不信感が拭いきれない職場（中には安堵した者もいただろうが）を見回してから、彼は言った。

「お前なんて、うちの会社だから、まだやって来られたんだ。他に行っても苦労するだけだぞ。いやいや、苦労で済めばいいが、どこかで家族もろとも野垂れ死ぬかもしれない。残れたのに何が不満なんだ？」

資料に目を落としながら、いつの間にかあまり思い出したくない記憶を辿ってしまっていたが、その残像のようなものを、有森さんの言葉が払いのけた。

「面白いものですよね。御社とは長くお取引させていただいているのに、うちの業界についてお話しするのははじめてじゃないですか？」

「そうですね、人事と外部の教育団体はかなり密切に連携しているし、うちだってお取引はかなりあるのに、その実際というものについては、まったく分かっていないというのが正直なところです。有森さんとこんなふうに、ざっくばらんにお話しするのもはじめてですし」

「そうだそうだ、上倉さん、以前うちから派遣した講師とも、お話ししてみたいとおっしゃってましたね。彼女とはこれからオンラインでつながれるかもしれません。少々お待ちくださいね。ちなみにその資料、彼女が作ってくれたんですよ。コロナが明けたら会社員にチャンスが巡って来るからって」

「彼女、喜多川さんは、今どうされているんですか？」

「今、彼女は北海道で色々なことをされています」

そう言って、有森さんは口元に柔らかい笑みを浮かべながら、応接兼会議スペースを出た。

私は有森さんが席を外すのを見送ってから、資料に目を落とした。

【上場企業品質講師　心得】

これから、ある特定のビジネスマーケットにおける講師業というもの、についてお伝えいたします。

■企業向け研修講師という仕事

この仕事は、自らの学術的知識、社会人経験、そしてインストラクション技術を用いて行うものであり、教材の開発などを除き、仕入（売上原価）のない商売となります。

ちなみに、この仕事を目指す方のなかには、中小企業診断士やＭＢＡを取得する方もいますが、特に資格がなくてもできる仕事です。

なお、たとえば中小企業診断士の資格を取得し、独立して仕事を得る方法として、中小企業や小規模零細企業の振興を目的とした、公的組織の専門相談員になるという道があります。

中小企業診断士を含む、いわゆる士業の方々が所属する公的組織は次のようなものです。

■東京の場合
独立行政法人 中小企業基盤整備機構
東京商工会議所
東京都商工会連合会
一般社団法人 東京工業団体連合会
公益財団法人 東京都中小企業振興公社　ほか

そのような場合、中小企業から直接収入を得るというよりは、上記のような公的機関から収入を得て講師業を務めることになります。なお、ローカル経済圏で講師業をされる方は、必ずどこかの団体（できれば複数）に所属することをお勧めします。

その際、すでにどこかの公的組織で専門相談員をしている知人・友人がいたら、その方に組織の職員を紹介してもらうとよいでしょう。ローカル経済圏で働く場合、そのようなコネがモノを言うことも多くあります。

なお、今回対象にしている企業向け研修講師のマーケットは、既述した中小企業診断士のマーケットとは違います。

また、自己啓発書籍を出版し、同セミナーを主催するようなマーケットや文化人／芸能人などによる講演活動のマーケットとも違います。

企業研修講師は、上場企業クラスの大企業から講師料をもらいます。そして受講者は、不特定多数の会社から受講者を募るのではなく、当該企業の昇格者や特定の職種に従事する社員などです。

■仕事はどこからやってくるのか

では、上場企業クラスの大企業で講師を務める企業研修講師は、どうやって仕事を得るのか？

「やはり、自分で売り込んだり、営業活動をしたりしなければならないのか」

営業は苦手だし、やりたくない、そう思ってこの仕事を副業や兼業にすることを、ためらう方もいらっしゃるでしょう。かくいう私も営業は苦手だし、やりたくないからと独立を躊躇していた時期があります。

ですが、それでも独立起業に踏み切ったのにはわけがあります。

それは、自ら企業に「研修講師をさせてください」などと売り込まなくても（それに、この仕事は売り込みをかけても、ああそうですかと仕事がもらえる稼業ではありません）、研修の企画提案営業を代行してくれる教育団体が、実は沢山あることを知ったからです。

このことを知ったのは、私が以前勤めていた会社の企業内大学で、責任者を務めていたときでした。

勿論、自ら企業に研修の提案営業をして、仕事をバンバンとっている方もいます。

ただ私は、独立前に「研修を発注する企業との直接取引はしない」と決めました。

企画提案段階から直接関わりすぎてしまうと、仕事を取りたいが故に人事担当者の無理難題を聞いてしまう可能性がゼロではなかったですし、営業活動のために自分の時間を割かなくてはならないからです（こう書くともっともらしいように聞こえますが、正直に言えば、独立してまで苦手なことはやりたくないと思ったのです）。

その結果、これまで「できない仕事はできない」と言えずに、後々トラブルになったことは一度もありませんし、企画提案の詰めや顔合わせなど営業同行を除き、仕事を取るために自分の時間を割くことは先ずありません。

なお、私のような企業向け研修講師のために、仕事をとってきてくれる代理店・企業のことを、ここでは研修エージェントと呼びます。

冷たい言い方をすれば、研修エージェントにとって、講師は単なる商品に過ぎません。

ですが、商品を大切に扱ってくれるエージェントもいれば、そうでないエージェントもいますので、見極めは必要でしょう。

自分の業界の分析から見えてくる自分の価値

ここまで書き進めてきた小説仕立てのこの物語は、多くの事実をもとに執筆している。

2020年4月以降、筆者のもとにキャリア相談に訪れる会社員が増えた。

いずれも大きな組織に勤めており、役職者として出世街道のただ中にいる人物もいたが、彼らに共通するのは、今後のキャリアに不安を抱えているという点だった。

そんな彼らの多くは、筆者がどんなマーケットで飯を食っているか、かなりぼんやりとしか把握していなかったのである。

そのため、彼らに対して、講師業やコンサルティング業を説明するための資料として「上場企業品質講師　心得」を作成した。そして「心得」では、先ずこの業界のマーケットについて説明している。

研修や講演会、ワークショップや勉強会など、広義のセミナーは1日につき1万件開催されていると言われる中、その内実をしっかりと把握しておく必要がある。それが先に示したマーケティングのステップR　STPB　MMに他ならない。

R　RESEARCH　マーケット調査
S　SEGMENTATION　顧客層の細分化
T　TARGETING　私の顧客の特定
P　POSITIONING　他者との差別化
B　BRANDING　イメージの浸透
MM　MARKETING Mix　製品（サービス）、価格、流通経路、販売促進

この物語においては、あくまで特定の業界を題材としているが、考え方は他の業界にも当てはまるだろう。

我々は多くの場合、業界というものをステレオタイプにしか見ていないか、もしくは消費者としてしか見ていない。

だが実際に、業界を仔細に分析してみると、先に述べたE・H・シャインによる3つの問い「自分は何がやりたいのか（動機・欲求）」「自分は何をやることに価値を感じるか（意味・価値）」「自分にできることは何か（能力・才能）」、これらの中心にあるキャリア形成の基盤が見えてくることがある。

ちなみに文中で、たとえば中小企業と大企業の違いにも触れている。筆者の経験では、中小企業は大企業に比べて、人的なつながりや人間関係に対処する力がより求められるようだ。

対して大企業は、コーポレートガバナンスや内部統制などの技術論により対処することができる。

中小企業の場合は、オーナーと昵懇《じっこん》の仲になる、または家族ぐるみでお付き合いするなど、人間関係を良好に保てば、長い取引になるだろうし、一方大企業の場合は、担当者がかわれば、それまでの実績のいかんを問わず取引がなくなるというようなこともある。

この辺りの好き嫌い、得手不得手を見極めることもTARGETING（「私」の顧客の特定）においては重要だ。


オンライン画面の向こう側に現れた喜多川さんは、相変わらず気さくで率直な人だった。

「上倉さんは、なに？　転職でも考えているんですか？」

上司に辞表を提出したばかりの私は、言葉につまったが「まあ、将来的には……」とお茶を濁した（ちなみに辞表はまだ受理されていない）。

「そうですか。ですが、仮に将来独立を考えているにしても、会社はなるべく辞めないほうがよいと思います。いまは副業や兼業でお金を稼ぐという手もあるし」

「いやぁ、それにしても、どうしたって将来が不安ですよ。会社が一生雇ってくれるわけではないですし……。そういえば、有森さんが『上場企業品質講師　心得』を見せてくださいました。うちでも長く取引をしていただいていたのに、そちらの業界のことは何も知りませんでした」

「そう、みんなそうなんですよね。会社員は大体において、自分の会社の半径1メートルぐらいのことしか分かっていないんですよ。だから不安になる」

「そうですね、それに自分のキャリアをマーケティングするなんて目から鱗が落ちました」

「そこを読んでくださったんですね。でもね、それよりも何よりも、心得が大事です」

「心得ですか？」

「はい、こ、こ、ろ、えです」

そう言って、彼女が教えてくれたのは、こんなことだった（有森さんが渡してくださった資料にも書いてあったが、単にそこまで読み進められていなかったわけで）。

■企業向け研修講師に向き不向きはあるか

企業向け研修講師は、著名人や芸能人のような才能やタレント性は必要ありませんが、相応の努力は必要です。裏を返せば、相応の努力により、講師として稼げるということです。

実は、会社員としての経験が豊富であれば、優秀な講師になれるのかと言えば、そうでもないのです。個人の経験は、受講者にとって汎用性、再現性のあるものとは限りませんし、何より受講者に刺さりそうな話は秘匿性が高すぎて、安易に話せないということがあります。

ただその一方で、会社員としての一般的な経験は、受講者のあるあるネタになったり、共感を引き出したりする際の武器になります。

また講師として、上場企業品質たる心構えをもち、知識やネタ集め、身体訓練に努めれば、そのスキルセットは新たなキャリアを切り開くための強力な武器となるのです。

■上場企業品質の講師とは

先ず大企業品質の講師には、たとえば中小企業者向けなど、他のマーケットで商売をする講師と異なる資質が求められます。一般的に上場企業などに勤める企業人は、学歴の高い人材も多く、組織への忠誠心も高く、またそうであるが故に、学ぶということに対してもプライドが高いと言えます。

したがって、そのような受講者に研修プログラムを提供する際に、絶対避けなければならないのは、講師として受講者に「教えてやっている」という意識や態度です。

それが端的に現れるのは、敬語でしょう。受講者が、皆さまよりはるかに年下、例え新入社員だったとしても、首尾一貫敬語を使うのが望ましいと思います（但し、先方の人事担当者の要望には従ってください）。

また、講師として知識や経験が豊富だからといって、受講者を言い負かしたり（マウントしたり）、尊大な態度をとったりしてもいけません。

確かに、講師のキャラクターというものもありますし、受講者に媚びを売る必要もまったくありませんが、「話しかけやすい、取っ付きやすい、優しそう」と見なされるぐらいが、先ずはちょうどよいかと思います（私は、教え方が優しすぎませんか？　と言われることが時々ありますが、話している『内容』が概ね厳しいため、そのような声はすぐに無くなります）。

なかには、研修を提供する当の企業の悪口を言ったりする講師もいるようですが、自分たちの悪口を言われて気分のよい受講者は先ずはいないと考えたほうがよいでしょう。

ちなみに講師として、受講者に接する態度として、アドラー心理学が参考になります。

また、このような基本的態度に加え、私が沢山の講師を見てきた経験からお話しすると、次の3つのどれかに当てはまる講師は、この生業で活躍し、相応の稼ぎを得ることが難しいようです。

- いばる
- かくす
- せまい

まず「いばる」ですが、受講者に対しては勿論のこと、企業研修に関わるすべての人に対してやってはいけないことです。

これは、企業内大学で責任者をしていたときに実感しました。

当時、大学で企画した長期研修を、複数の講師で分担していただくようにお願いしていました。その際、講師の中には、運営スタッフに尊大な態度を取ったり、研修中、スタッフにあれやこれやと注文をつけて振り回したりする先生もいたのです。正直、運営の責任者としては、翌年もその講師に研修をお願いしたいとは思いませんでした。

我々は企業から呼ばれなければ、いくら自分が望んでも登壇することができません。

「いばる」講師は、付き合いづらいため、仮に腕のよい講師であっても（多くの場合）敬遠されます。

次に「かくす」ですが、これは他の講師の態度を見聞して実感するものです。

少なからぬ講師は、自らの教材や研修風景を他の講師に見せたがりませんし、特に教材などは知的財産としてその侵害から守ろう、隠そうとします。

ですが、私はビジネス書の著者でもあるため、研修でお話しするような内容や一部の教材を隠すことができませんし、そのつもりもありません。

それに上場企業品質の講師には、教材や講義内容に学術的な裏付けが求められます。

そのため、教材を開発するときにも、先のアドラー心理学のように学術的に検証され、広く世に知らしめられた成果物をもとにします。


講師業は、完成のないプロセスの連続だと認識しましょう。


講師は常にマーケットの要望に応えてカリキュラムを考え、教材を開発し、講義し、また開発し……の連続です。また、仮に同じ教材で同じ講義をしようとしても、まったく同じにはならないのがこの稼業です。

また、これも経験則なのですが、「情報は積極的に出すと、新しい情報がどんどん入って来る」ということです。「与えよ、さらば与えられん」ですね。

私はこのような情報の循環をもとに本を執筆してきました。


最後に「せまい」は対応できる研修の幅です。

講師は「専門性」が大切と言われますが、それははじめのうちだけです。本当に大切なのは、企業の広範にわたる課題に応える「対応力」です。

したがって、自分はコーチングを専門としています、マーケティングを専門としています、だけでは複雑多岐にわたる企業課題に対応することはできないため、講師としての存在価値が上がらないでしょう。

ちなみに私は、経営戦略から会計（財務会計、管理会計、ファイナンス）、マーケティング、目標管理・人事評価、リーダーシップ、コンプライアンス等、非常に多岐にわたる研修依頼を受けます。

私自身が、企業に売り込みをかけたわけではなく、企業や研修エージェントと長い付き合いになると「こんな分野もお願いできますか？」「あんな分野はどうでしょうか？」というふうになるのです。

そのような依頼を受けたときに、「その分野につき、自分は専門ではないので……」と断るのか、そうでないかでその講師のありがたみが変わってきます。

更にカリキュラムや教材を提供できれば、企業や研修エージェントにとって、ますます付加価値の高い講師ということになるのです。

ほか、研修には景気にかかわらず、必須で実施するものとそうでないものもあるので、講師自身の稼働を安定させるという意味で、リスク分散にもなります。

では、企業向け研修にはどんな種類があるのでしょうか。おおよそ次の3つの種別があります。

・階層別研修

企業には、役割等級や能力等級などの階層があります。階層別研修は、社員が昇格して階層が上がった際、社内外における職責が変わるために実施する研修で、企業サイドも非常に重要視しています。この研修は、通常どの企業も毎年実施するため、講師としてもぜひ受託したい種別ではありますが、階層が上がれば上がるほど、自らのマネジメント経験や広範な知識が問われます。

・職種別研修

たとえば、営業研修などがこの種別に入ります。その職種で仕事をする上で、必須の知識やスキルを習得するための研修です。この種別に特化した人気講師もいますが、相応のカリスマ性なり、知名度がない限り、階層別研修を受託できる講師に比べ、仕事の広がりはないようです。但し、副業や兼業であれば、先ずはこの種別に特化して、講師としての腕を上げるのもよいと思います。

・目的別研修

たとえば、メンタルヘルス研修などがこの種別に入ります。時流や法改正などに合わせたテーマで実施する研修です。この種別に特化して稼ぐ講師もいますが、旬を過ぎると需要がなくなったりする種別です。やはり、階層別研修を受託できる講師に比べ、仕事の広がりはないようです。但し、（これは職種別研修の下りでも書きましたが）副業や兼業であれば、先ずはこの種別に特化して、講師としての腕を上げるのもよいと思います。

・その他　アセスメント

これは研修ではありませんが、企業の昇格対象者を、外部の人間が一定の基準に則り審査するアセスメントという仕事もあり、当該人材をアセッサーと言います。この仕事にも多少の向き不向きがあるようですが、適性さえあれば、一定のトレーニングにより誰でもアセッサーになれます。

ひと口に研修といっても、その内容は多岐にわたりますが、例えばフリーランスの研修講師として稼動を安定させ、長く活躍するためには、階層別研修の受託を目指すのもひとつの手です。ちなみに私は、現在すべての種別の研修を受託しています。階層別研修や次世代リーダー養成研修を受託している講師で、相応の教材を開発できる人材は、他の種別の研修にも対応できるからです。

また、上場企業クラスの大企業は、人材教育体系を整備しています。

どの種別の研修を自らの守備範囲とするかは、講師により異なりますが、なにより人材教育体系は、その企業の将来をかけた生命線とも言えるものです。上場企業から体系そのものの相談を受けるようになったら、この世界では頼れる講師と言っても過言ではありません。

勿論、私も自分が請け負えそうにない分野については、その旨を正直に伝え、当該分野を得意とする講師を紹介したりしています。自分ができないことを、はっきりできないと伝えること、このことも企業や研修エージェントの信頼を獲得する重要な態度なのです（ですが、仕事が欲しいばかりに、本当は得意でないことを請け負ってしまう講師もいるのが実情です）。

皆さまは、この学びを通じて、ご自分の得手不得手を知り、講師としての幅や深みをデザインしてみてください。

ちなみに、「いばる」、「かくす」、「せまい」は、あくまでも私の経験談です。特に「かくす」「せまい」には様々なご意見があるかと思いますので、最終的にはご自分の見解に従ってください。

「いばらない」「かくさない」「せまくない」の価値

ここでは、前述したマーケティングのステップのうち、**POSITIONING（他者との差別化）**、**BRANDING（イメージの浸透）**、そして、**MARKETING Mix（製品／サービス、価格、流通経路、販売促進）**の一部に触れている。

この職業は、もともと特別な才能のある人間が、何か特別な努力をして、特別な存在にならなければ就くことができない、というようなものではまったくない。むしろこのマーケットにおいては、特別な存在は（勿論、程度にもよるが）、敬遠されるきらいもある。

POSITIONING（他者との差別化）にしても、「日本人の性格」をおおよそ実直になぞり、表現しているに過ぎない。

■日本人の性格（再掲）

・勤勉
・礼儀正しい
・親切
・ねばり強い

大切なのは、**自分を偽らず、素直に、無理なく、そして真摯に自分のキャリアをマーケティングすること**だ。その際、「上場企業品質講師　心得」に出てきた3カ条を指針とすることもお勧めする。

これはVUCAの時代、AI時代に生涯キャリアを自己管理していくための指針にもなるだろう。

・いばらない

なかには、自分の特徴をアピールするために、威張ってしまう人がいる。そして「私はこういう性格でやってきたから、今さら変える気もないし、その必要も感じない」という人もいる。もしくは、他人を遠ざけるような、話しかけづらい雰囲気をまとうことで、上役としての威厳を保ってきたという人もいる。

実際、一般財団法人企業活力研究所が株式会社東レ経営研究所に委託した「次世代人材育成に向けての産業界の対応のあり方に関する研究報告書（第3年度）」によれば、部下という属性をもつ解答者に「管理職は近づきやすく、気軽に話せるか」という質問を投げかけた結果、働きがいを「感じている」グループの71・2％が「その通り」と解答した。裏を返せば、働きがいを感じられない要因は、「管理職は近づきにくく、気軽に話せない」からだ、とも言えるだろう。そして、気軽に話せないということは、たとえば組織において、特にマイナス情報の報連相が滞るということを意味する。

では、どうするか。我々は先ず組織の情報伝達というものを適切に理解し、やはり適切に対処していくしかない。

■組織の情報伝達、2つの経路

▼横の情報伝達……同僚や仲間など、互いに責任を取る立場にない間柄における情報伝達。

マイナス情報ほど迅速に伝わる。上司が部下の引き起こしたトラブル情報を隣の部署のメンバーからはじめて聞くことは珍しくない。反対に、プラス情報は伝わりにくい。

▼縦の情報伝達……組織階層上の公式なレポートライン、上司と部下における情報伝達。部下の手柄をまるで自分の手柄のように報告する上司は多い。よい情報は縦には迅速に伝わる。逆に、マイナス情報は自分の失態であるため、伝わりにくいものである。そして、階層が深くなるほど関与者が増え、遅延の程度も拡大していく。

▼縦の情報伝達、阻害要因と促進要因

・阻害要因

縦の情報伝達は、「責任を取る者」に対する「責任を取ってもらう者」からの報告である。マイナス情報の場合、何らかの形で叱責が伴うことになる。それを回避したいという動機により迅速な伝達を躊躇するという現象が起きる。

・促進要因

叱責を恐れずにマイナス情報を伝達させるためには、次の3要素が重要になる。

①報告者の話を聞く（言い訳も含め、最後まで聞く）

②問題解決を引き受ける（「私が前面に出ます」という姿勢）

③最終責任を受け入れる（組織的に「すべては自分の責任」と認める）

このように、マイナス情報というものは、そもそものような情報に対処し、責任を負わなければならない「私」の耳には入りづらいものなのである。

このような事情を説明しても、それでも「いばる」が先に立つ人もいる。そして仕事を失っていくのを見てきた。

ちなみに「いばる」と「こびる」は違う。**媚びたくないから、いばるのは拙速な条件反射**だ。

自分のマーケットで生きている人材には「いばる」も「こびる」も必要ない。

・**かくさない**

これは世の中の変化や進化に対峙していく際に、どう腹を決めてかかるかの問題なのだろう。変化は誰にも訪れるが、**隠すということは、変化を止める、もしくは抗うということに他ならない**。勿論、知的財産などは、企業の未来を占う経営戦略の最重要事項であり、細心の注意を払った取り扱いが求められる。ただし、個人の生涯キャリアを自己管理していく上で、なんでもかんでも隠すことを筆者はお勧めしない。

なぜなら、どれほど開けっ広げに自己開示しようとも、自身の成長に応じて新しい成果は生まれるからだ。そしてそれは、あなたからしか知ることができないある種の秘密なのである。

たとえば、能楽に関する芸術論を述べた秘伝書『風姿花伝』（通称は「花伝書」。世阿弥書）には、「秘すれば花」と書かれている。これはマーケティングの奥義にも相応する言葉であるが、ただし、陳腐化した秘密、腐った在庫には誰も花を感じはしないだろうし、勿論魅了されることもないだろう。

つまり、秘密の花は自己成長と共に変わるのである。したがって、誰もが成長し続ける限り、新たな秘密を獲得するのであり、その秘密こそが花なのであると心得たい。

裏を返せば、**今あるものを手放さないということは、成長をやめたことを意味する**。これは経験談だが、自分のノウハウを周囲に惜しみなく伝えて、没落していった個人を見たことはない。

反対に、**自分のノウハウを隠そうとする個人は、ノウハウそのものが普及することなく、いつの間にか本人が認識する価値と周囲が認識する価値がズレて、需要がなくなる**のを見てきた。

また、広く国家や企業に目を転ずれば、「オープンソース」ソフトウエアの利用がますます広がっている。

オープンソースとは利用者による利用、修正、再頒布が認められるソフトウエア、およびその開発手法のことを指す。また、隠さないということには、副次的な効果もある。

それは、あなたがあなたのノウハウを惜しみなく開示した際、相手がどういう反応を示すかで、生涯キャリアを支え合うパートナーになり得る人物かそうでない人物かが分かるのだ。仮にそれほどの相手ではないにせよ、会社を離れても一緒に仕事ができる人物か、そうでない人物かは容易に分かる。

先ずは、相手が知的財産の取り扱いに関するルールを、どれくらい知っているかで、凡その解答が得られるだろう。

また、相手があなたを重要な人物だと見なせば、あなたのノウハウにも敬意を払い、大切に扱うし、そうでない場合は、残念ながらあなたのノウハウを雑に扱ったり、自分の利益のために他人のノウハウを勝手に流用したりしてしまうのだ。あなたは、そのような相手と以降一緒に仕事をしなければよい。

・せまくない

ＡＩ時代、色々なことができるということは武器になるか。

企業において、これまでも色々なことができる人材（ゼネラリスト：万能家）と特定のことに精通した人材（スペシャリスト：専門家）について、どちらをどう採用し、育成・活用し、そして処遇すべきかという議論がなされてきた。

ゼネラリスト：幅広い知識や経験を備え、多角的な視点から組織の問題を解決する人材
スペシャリスト：特定の専門分野に深く精通し、専門的な見地から問題を解決する人材

企業としては、このような万能家と専門家が手を取り合って、自社の成長や経営課題の解決に邁進してくれることを期待したのだが、実態は必ずしも期待通りにはならなかった。たとえばゼネラリストは、幅広い知識や経験を備えてはいるが、スペシャリストを活用することができない（専門家の言っていることが分からない）。結果として、彼らの御用聞きに終始するか、もしくは単に組織の利害を調整して取りまとめるだけの役割に終始してしまう。

一方でスペシャリストは、自らの専門的視点に固執し、たとえば問題解決にあたりリスクを過大評価しすぎて、常にブレーキを踏む役割に終始してしまう。先に述べたゼロリスク症候群（リスクはゼロでなければならないという考え方に固執すること）も、専門家という立場、もしくは専門的見地の弊害とも言える。

企業は、このような弊害を解消すべく、スペシャリティの範囲についても常に議論して

きた（たとえば、コンプライアンスは法令順守を包含したより大きな概念であるが、法務の専門家になるよりもコンプライアンスの専門家になるほうが、企業組織の問題を解決する際の貢献度も高いという認識）。

その過程でプロフェッショナルと呼ばれる職種に注目が集まり、かつスペシャリティの範囲やスペシャリスト人材を再定義する際に、この言葉が使われるようになった。

プロフェッショナル：問題解決志向が強く、これに資する高い専門性、また（これに資する）幅広い知識や経験をもつ人材

企業ではこのように、人材要件をどう定義するかについて議論してきたが、また別の角度から、企業の人事施策に内在するリスクにも注意しなければならない。

ゼネラリストの役割には人材育成がある。そして、その基本は「①任せる、②見守る、③（相手の求めに応じて）介入する」であるが、上司は部下の育成にあたり、自らの権限を移譲し、また部下がある分野の専門性を養う手助けをすることが求められる。

ただし、このような権限移譲、専門化にリスクが潜んでいることも心得て対処することが必要だ。

まず、上司の「分からないことに頭を使いたくない」という怠慢から、当該業務の一切

を部下任せにしてしまえば、当然ながらその業務に関する情報が得られなくなる。自分が責任を負わなければならない業務について、何がどうなっているのか分からなくなってしまうのだ（①情報を喪失する）。

そして、そのうちに「専門的なことは、専門家たる部下が最も良い判断をくだすから」といった、人材育成の観点からは聞き心地がよいとも取れる言い訳を繰り返し、意思決定する責任から逃げるようになる。その結果、次第に業務をコントロールすることができなくなる。また、十分に事情を把握せず行った判断は誤った指示となり、混乱を招く恐れも生じる（②コントロールを喪失する）。

そして、更に「この分野に詳しい彼または彼女が言うのだから間違いない」という上司の発言や、「素人の出る幕ではない」といった（コミュニケーションの拒絶ともとれる）部下の発言が繰り返されるようになる。また、このようにブラックボックス化した業務において、不正行為が進行するリスクも（本来、知らぬ存ぜぬでは済まされないはずだが）、放置することになるのである（③専門家が凶器になる）。

このような権限移譲、専門化のリスクとその対策は、ＡＩと我々がともに働き、高い成果を創出するための指針にもなる。

今後、ＡＩは多くの専門分野において、我々よりはるかに優れた成果を出すだろう。特にスペシャリティの範囲が狭く限定され、たとえば活用する知識の幅や深さが一定、マニュアル化が可能な業務であればなおさらだ。

但し、だからといってＡＩにすべてを委ねてしまっては、当の専門家が凶器になり得るため、我々はＡＩをよく監督する必要がある。その上で、今後はＡＩ専門家の知見を最大限に活用しながら、組織の問題を解決し、かつ多様な人材の心理にも配慮しながら、首尾よくマネジメントしていかなければならない。

そうしたときに、活きてくるキャリアは、**ＡＩを監督することができる問題解決志向に優れたスペシャリスト、同じく問題解決志向に優れたゼネラリスト**である。

なお、日本企業はこれまで、実務能力が養われていない新卒を一括採用するシステム、「配属ガチャ」（新入社員が入社時研修以後、どの部署に配属されるか分からない不安な心境を、おもちゃ売り場の「ガチャガチャ」やソーシャルゲームの「ガチャ」になぞらえた俗語）、転居を伴う人事異動など、いわゆる「ジョブ型」とは相容れない特殊な「メンバーシップ型」という働き方を採用してきた。

しかしながら、**会社員として複数の事業所や職種を経験する、またそれができるということは、「せまくない」キャリアを形成するための機会にもなり得る**のである。

そういう意味で、会社はそこに身を置きながら、色々なことを見聞したり、試したりする機会を与えてくれる。
たとえば副業・兼業も本業があってこそ安心してできることなのだ。

「儲けの仕組み」の正しい把握はどんな業種でも必要

「私は、これまでまったく儲からない事業計画を、それこそ山のようにたくさん添削し続けてきました」

ある日の勉強会の冒頭で、喜多川さんはそう言った。私（上倉）は、喜多川さんが主宰するオンライン勉強会に参加するようになり、これで3会合目を迎える。

勉強会は少人数だが、集まっているのは、大企業に勤める会社員（まだ若手と言えるような世代のAさんや、去年役職定年になったというBさん）、私のように会社を辞めた後を模索する者、他には独立起業したばかりの受講者Cさんなど、受講目的はおそらくてんでばらばらな人たちだ。ただ共通点はある。それは会社に勤めている間に、少なくとも一度は喜多川さんの研修を受けたことがあるか、事務局として関わったことがあるということだ。

ちなみに彼らはこんなふうに自己紹介した。

Aさん

「私は証券業界に務めていますが、すでにネットによる取引が当たり前になり、また私たちの仕事はFinTech（フィンテック：金融〈Finance〉と技術〈Technology〉を組み合わせた造語）にとって替わられ、働き手としてこの業界の将来に希望がもてません。今回、この勉強会を通じて、自分の居場所を探す何か手がかりのようなものを得られたらと期待しています」

Bさん

「私は去年、55歳で役職定年になりまして、部長から平社員になりました。今は部長職の責任から解放されてホッとしてはおりますし、もともと仕事が好きなんで、会社のためにではなく、自分のために、お客さんのために仕事に向かえることをうれしく思っています。

ですが、人生100年時代、私にも何かもっとできることがあるんじゃないかと思いまして、この場に参加しています」

Cさん

「私は、前職の機械系商社が撤退しようとしていた取引を、引き継いで独立しました。理由は、当時私が営業を担当していたこと、また取引そのものは小さいですが、今後とも利益が見込める魅力的な製品だったことです。ただ、取引先の中小企業経営者が高齢化し、後継ぎもなく、このままいつまで商売をつづけてくれるのか不安もあります。私としては、リスクヘッジのためにも、取引先を増やさなきゃーって。そんなこともあって、この勉強会では、事業経営のイロハを学び直したいと思っています」

喜多川さんは、このように多様なバックグランド、受講目的をもつ参加者に、次々と問いかけを、投げかけをした。

「商売は、儲けの仕組みや構造が大前提にあって、その上にその商売をやる人の経営理念や創意工夫がのるものなんです。たとえば**儲けが出にくい商売は、あなたがやっても儲けが出にくい商売なんです。**ですが、商売をはじめてしまったら、その大前提に基づいていますから、儲からなくてもなかなか止められないですよ」

「**お金をかければ起業は成功する、なんて発想は捨ててください。**会社員の多くは住宅ローンやクレジットカードローン以外にお金を借りたことがない人も多いですよね。お金をかければ何とかなるなんて考えを、私は崖から飛び降りる起業と呼んで、それは止めてくださいと繰り返しお伝えしてきました」

「**また経営理念が確立していれば起業は成功するなんて考え方も危険です。これも念仏を唱えながら崖から飛び降りるようなものです。飛び降りたら普通は死にます。**とにかく仕事には、普通の感覚で臨まなくてはダメだと私は思います。みなさんが消費者として接しているご商売は、どれも普通に営業していませんか。そしてご飯を食べているんです。ですが、**会社員でこのような勉強会に参加される方のなかには、起業を考えたとたんに普通の感覚を失う人がいます**」

「**いいですか、どんなキャリアを選択されるにせよ、会社員がもつ『普通の感覚』はとても重要です。では、普通の感覚とは何か。たとえばそれは、仕事の品質を追求して高めよう、コスト、納期などを厳守しようとする意識であり、またそれらの意識を実践できる能力の発揮が、癖づけされ訓練され当たり前になっていることです。ただし、多くの会社員は、普通の感覚がもつ価値を認識していません**」

「**とにかく今後、どのようなキャリアを築かれるにせよ、商売に携わるわけですから、会社の儲けの仕組みというものを知るのは必須でしょう。**また。儲けの仕組みを比較して、儲かる構造、自分にあった仕組みを、選択できるようになる必要がありますよね」

受講者は誰も、これまで聴いたことがなかった話が次々に語られて戸惑っているようだ。勿論、会社勤めしかしてこなかった私も戸惑っている。

ただ、ひとつ分かったのは、会社員というものは、更に大企業の会社員というものは、それはそれで特殊な職業だということだ。

会計は会社員にとっての確かなロジック

会計と聞いて、読者はどんな反応を示すだろうか？

会社内でも、専門部署が扱うものである、そう思うだろうか？

いや、それは違う。

ビジネスパーソンが何より先に押さえておかなければならない知識分野、それは会計である。これは拙著『儲けの極意はすべて「質屋」に詰まっている』（かんき出版）でも述べているが、**会計の知識は、職場の問題を解決するツールとして有効であるだけではなく、業界のビジネスを俯瞰する視点を与えてくれて、自社の売れる仕組みや儲けの仕組みなどを教えてくれる**からだ。

そして、更に一歩踏み込めば、自社の財務構造を離れて、他業界の財務構造をベンチマークすることにより、自社にとって都合のよい財務を実現する手がかりを、惜しみなく提供してくれるからだ。それに会計ほど、ロジカルな教材や知識体系はないと筆者は考えている。

たとえば、ロジカルシンキングなどの研修を受講したことのある読者は思い出してみてほしい。講師は受講者の論理的思考力が向上するよう、演繹法や帰納法など様々な技法やフレームワークを提供してくれるが、それらを使って思考の訓練をしたとしても、すべての受講者が同じ思考プロセスや結論に至ることは先ずない。

それに対して、特に**財務会計などの読み解きは、受講者間に共通の理解があれば、凡そ共通の結論にたどり着く**ことができる。**社内の共通言語として、そこに集うメンバーの認**

識をひとつにまとめるツールとして、これほど頼りになる知識はないのである。

だがこう書くと、「数字は苦手なんだよな……」と反射的に身構えてしまう会社員が意外と多いことを筆者は知っている。そして、そんな会社員には共通点があることも筆者は知っている。

会計の学習で挫折する、もしくは苦手意識がぬぐえない会社員に共通するのは、実は**「会計から何を読み取りたいか、何を分かりたいのかが分かっていない」**ということだ。

だから、公認会計士と税理士が教える簿記や会計の知識と、事業会社の社員が本当に身につけたい会計の知識は違うということに気づけない。また、辛うじて簿記や会計の知識を学んだとしても、それを自分の仕事にどう役立てたらよいのか分からない。要はピンとこないのだ。

そして、会計士や税理士が資格の取得を目指した際に、実践した学び方をそのまま強いられ、こりゃ難しい、無理だと感じてしまうのである。

一般人は会計のつまみ食いで十分である

筆者が、たとえば「次世代リーダー養成」などの研修で伝える会計は、会計士や税理士が一から十まで学んだ知識ではない。簿記の知識ですらない。あるビジネスの構造（売れる仕組みや儲けの仕組み＝財務構造）をつかむためのいわば会計をつまみ食いした知識だ。

そして、その知識の範囲は驚くほど少ない。

では、会計のどんな知識をつまみ食いすればよいのか。まず会計には、おおよそ**財務会計**と**管理会計**がある（次ページ図表21）。

財務会計の目的は、株主、投資家、取引先、銀行などの債権者、国（税務当局）など企業外部の利害関係者に対して、当該企業の財産がどのような状態にあるか、業績はどうかなどを報告することにある。

これに対して管理会計の目的は、経営者が会社の経営方針や経営計画を策定し、これに基づいて、組織としての意思決定や業績の見通しと実績を管理することにある。

財務会計と管理会計についての一般的な説明はこのようになるが、筆者はこのふたつの

■ 図表21 財務会計と管理会計の違い

項目	財務会計	管理会計
利用者	投資家、債権者など会社外部の利害関係者	経営者など会社内部の関係者
目的	情報提供・利害調整	会社経営に役立つ資料の提供
作成書類	決算書等	任意の内部報告資料
作成・処理基準	企業会計原則など会計基準・各種法律	決められたものはない

会計を実務家・コンサルタントとして違う目で捉えている。**財務会計により作成された決算書は、すでに組みあがったビジネスの構造がどのようになっているのかを把握するためにある**のだ。つまりそれは、**決算書の数字からそのビジネスのうま味と苦労を確認する**ということに他ならない。

たとえば、「日銭が入りやすいが儲けが少ないビジネス」や「商品の仕入れコストがほとんどかからない」ということであれば、そのような構造を取っているから、そのうま味と苦労の幅の範囲で経営の巧拙がある。言いかえれば、その幅の範囲でしか経営できないということだ。

「自社の決算書が読める」にもう価値はない

ここでいま一度「あなたは会計の学習を通じて何を知りたいか？」という質問を投げかけたい。

よく企業向け研修などで、受講者に「会計を学ぶことで何を知りたいか？」と質問するとこんな答えが返ってくる。

「自社の決算書が読めるようになりたい」

筆者は、このような回答に対してこう返してきた。

「それは簡単です。自社の決算書が読める、そのゴールの一番近くにいるのは皆さんです。御社の社員であれば、自分の会社がこれまでどんな経営をしてきたか、各部門がどんな方針を掲げてきたか把握しているはずですから。

一方、社外の人間は、それが仮に会計士や税理士だとしても、決算書の数字だけでは経営の実情を深いレベルで理解することは難しいのです。裏を返せば、決算書の数字から読み取ることのできる情報などその程度のものなんです」

ここまで話すと受講者は気づきはじめる。

自分たちの真のゴールは「自社の決算書が読めるようになる」ことではなかった。本当は**自社が取り組んでいるビジネスの構造を把握し、その変革の余地をさぐりたい**のだということに。

そして更に、企業を取りまく環境の激変が「自社や、更には競合他社の決算書が読めても意味がない」という認識の深化を後押しする。かつてe革命が、それまでのビジネスを大きく変えてきたのは周知の事実であるが、それでも自社と競合他社は同じ業界というものに属し、おおむね同じような財務構造において、しのぎを削ってきたに過ぎないのだと——。

ちなみに経済産業省「商工業実態基本調査」（平成10年調査結果　※平成10年調査をもって、本統計調査は終了）によれば、製造企業の売上総利益率は21・0%、卸売企業が9・5%、小売企業が26・4%、飲食企業が54・5%となっている。同じく製造業の売上高販売管理費率は17・0%、卸売企業が8・6%、小売企業が25・4%となっている（いずれも大企業）。

筆者も職業柄、業界の平均値をおおよそは把握している。たとえば先にも挙げたが、卸売業であれば粗利率は10%、小売業であれば20から30%、システム開発であれば20数%、ビルのメンテナンスに至っては7%あれば上々という具合だ。さらに詳細を把握されたければ、同省の企業活動基本調査をひも解いてみていただきたい。

いずれにせよ、企業で働く大多数の社員は、業界の粗利率や販管費率に収まる範囲において最も効率的、効果的に経営資源を活用しようとする。

だが、次世代リーダー人材が立つべきはそのような視座ではない。

粗利率10%から100%（そういう決算の会社もあることを筆者は知っている）の幅で、我々は将来に向けてどう変身していくことができるのかを常に考えている。

たとえば、ドイツがけん引する製造業へのデジタル技術活用推進活動「インダストリー4・0」では、オペレーションロボットを販売するビジネスモデルから「工場のラインを高効率かつ高稼働率でオペレーションする」というコンサルティング・サービスを販売するというモデルへの転換を図っている。

産業がサービス業化していく流れ自体は、目新しいことではないが、ビジネスモデルの転換やその可能性について、**常に数値の面から考えるクセをつけておくと、業界の常識や言い訳に拘泥することがなくなる**。

さて、ここまでの解説を通じて、会計・ファイナンスを学ぶ意味は、十分にお伝えできただろうか。なお、以降、同分野全般にわたる解説は、拙著『事業部長になるための「経営の基礎」』（生産性出版）に譲ることとしたい。

「儲けの仕組み」の把握は転職や副業にも役立つ

また今後、会社員にとって副業や兼業、転職がますます当たり前になる中で、自分が新たに身を置こうとする業界や会社組織の儲けの仕組みを知っておくことは重要だ。これは単純に給料がもらえるかどうか、というような問題ではない。

たとえば、その業界や会社の成長性とその伸長度合、収益性、業界内の競合関係や競合度合などにより、社員が組織の成長スピードについていけず、疲弊していたり、一方で成長が鈍化し、ライバル企業同士がたった数パーセントのマーケットシェアを奪い合ったりするような環境にある場合、経営方針や社員に対する指示指導、管理監督者から受けるプレッシャーなども当然変わってくる。

したがって、常に「業界動向サーチ」https://gyokai-search.com/ のようなサイトを確認しておくことをお勧めする。

また、たとえば季節の移り変わり、日々の天気などにより売上が大きく変わる食品メーカーの人材などには、目先の対応力に優れるが、長期的な展望に立ち、不確実なこと、抽象的な課題を扱うことを不得手とする者もいる。

一方で、ある用地を買収するのに20年かかる、現場の工事を完了するのにむこう5年や10年は平気でかかるというような仕事もある。そのような仕事は、何をやるにしても単独ではかなわず、周囲に頼り、巻き込まなければならない。したがって、単独の成果を誇りたい人材には向かない仕事、職場かもしれない。これはひとえに、それぞれの業界や会社が求める人材要件やコンピテンシー（再現性のある成果を出すための思考特性・行動特性）が違うからである。


そして、職場にゆとりがあるのか、そうでないかも変わってくる。業界によって内部統制の強度も異なるため、コンプライアンス上起こり得る問題の傾向も変わってくる。

たとえば、筆者は企業向け研修において、職場のコンプライアンスリスク チェックリストを用いて、対象企業のコンプライアンス問題に関する傾向を把握している。

■職場のコンプライアンスリスク　チェックリスト　7つの傾向

①結果重視系
②ルール軽視系

③公私混同系
④知識不足系
⑤保身系
⑥風通し系
⑦ハラスメント系

当然、業界により会社により、そして職場により、7つの傾向を線で結んだレーダーチャートのかたちは異なる（7つの傾向をそれぞれ構成する質問に答え、点数をつけたものを合計し、それぞれの合計点を線で結ぶ）。

仮に仕事の結果ばかりが重視され、職場がギスギスしていたら、風通しも悪く、ハラスメント問題が発生する可能性が高まることは言うまでもない。

副業を本業に役立てるために不可欠な視点

また最近、**越境学習**という取り組みが、経産省などの行政官庁や民間企業の人材育成、その一環として注目を集めている。

越境学習とは、「所属する組織や会社の枠組みを超えて（越境し）、異なる組織や環境に身を置くことで、新たな学びの機会を得ること」を指す。具体的な活動は、たとえば社外のセミナーや勉強会への参加、他社への出向、ボランティア活動への参加、副業や兼業など様々であるが、このような活動を通じて、自社では得られない知見やノウハウ、文化に触れることができる。

なお、越境学習の効果を最大にするためには、**越境先と越境元の「構造の違いに着目し、仮説を立て、これを検証すること」が必要**だと筆者は考えている。

昨今、企業が副業や兼業を解禁する際、その狙いを「本業への貢献に期待」としているが、経営レベルの課題解決を期待するのであれば、越境元と先の構造の違いを比較し、理解することを通じて、はじめて越境元にそれまで以上の貢献をもたらすことができるのだ。

そして、元と先の構造の違いを明らかにするための基準となる視点、もしくはテンプレートとして、会計のつまみ食いをお勧めする次第である。

3章のまとめ

- 僕たちが自分の弱点を克服するためには、企業に勤める人間としてではなく、消費者としてでもない視点でものをみる訓練が重要となりそうだ。
- 自分自身のキャリアを棚卸しし、マーケティングしてみることは大きな気づきをもたらす。
- 「いばらない」「かくさない」「せまくない」には大きな価値がある。
- 「儲けの仕組み」を理解すること、会計を学ぶことはこれからを生きる会社員にとって、大きな武器になる。

4章

今の仕事を続けながらできる、たとえばこんなキャリアの広げ方

会社員は最もキャッシュに近い人的資本

あらためて、キャッシュ・イズ・キング（現金は王様である）。

これはファイナンスの分野で使われる言葉だが、なぜそう言えるのか。

それは、キャッシュが新たな機会（チャンス）を、いつでも選び取れる資産だからである（一方で、取引先の貸倒れなど、予期せぬ危機にも即時活用できる資産だとも言える）。

これを広く働き手に置き換えるならば、**会社員は最もキャッシュに近い人的資本**であると言えるのでないだろうか。そして、会社員は実際にある機会を選択する前に、その準備をしたり、様々な機会を試してみたりすることができる。

では、会社員には実際に、どのような機会があるだろうか。特にこの日本の現状を踏まえて。

「特に大きな組織に勤めるような会社員のウィークポイント。それは短期的なこと、部分的なことしか知らない、見ていないということだと思います。これは能力の問題ではありません。長期的なこと、全体的なことを見る機会を得ず、訓練をしてこなかったというだけなんです」

こうして今回も喜多川さんの講義がはじまった。

そして今回は、受講者Cさんの置かれた状況を引き合いに出して、話をつづけた。

ちなみに、Cさんは初会合で次のような自己紹介をした人物だ。

「私は、前職の機械系商社が撤退しようとしていた取引を、引き継いで独立しました。理由は、当時私が営業を担当していたこと、また取引そのものは小さいですが、今後とも利益が見込める魅力的な製品だったことです。ただ、取引先の中小企業経営者が高齢化し、後継ぎもなく、このままいつまで商売をつづけてくれるのか不安もあります。私としては、リスクヘッジのためにも、取引先を増やさなきゃーって。そんなこともあって、この勉強会では、事業経営のイロハを学び直したいと思っています」

「では、全体像とはなにか。ビジネスにおける全体像とは、簡単に言えば事業を経営するということです。ただ、我々のように日本企業に勤める会社員が全体像をつかむのはなかなか難しい。管理職になるのに、ＭＢＡの資格取得が求められるわけではないし、仮に資格を取得しても実務経験があるわけではない。そして、数多くの障害を突破して事業部長の役割を任せられたとしても、それはキャリアの後半戦ですよね。そんな中、Cさんは自らリスクをとった上で、とても有意義なご経験を積まれています。今回は、たとえばCさんの次の一手としても有益で、かつ大企業に勤めるような会社員がビジネスの全体像をつかめるようなスキルの広げ方を考えてみたいと思います」

そうして彼女はスライドのページをめくった。

事業承継問題、コロナ下で大幅改善
「後継者不在」61・5%、過去10年で最も低く
――「同族承継」型の就任割合は減少傾向、脱・ファミリーの動き継続――

はじめに

地域の経済や雇用を支える中小企業。しかし、近年は後継者が見つからないことで、事業が黒字でも廃業を選択する企業は多い。日本政策金融公庫の調査では、60歳以上の経営者のうち50%超が将来的な廃業を予定。このうち「後継者難」を理由とする廃業が約3割

に迫る。
後継者が不在であるなか、新型コロナウイルスによる業績悪化などが追い打ちとなり事業継続を断念する事例も想定され、その回避策として事業承継支援が今まで以上に注目されている。中小企業庁が２０１７年７月に打ち出した、事業承継支援を集中的に実施する「事業承継５ヶ年計画」を皮切りに、中小企業の経営資源の引継ぎを後押しする「事業承継補助金」の運用、経営・幹部人材の派遣、Ｍ＆Ａマッチング支援など、円滑な事業承継に向けたサポートが進んでいる。

出典：株式会社帝国データバンク 情報統括部
「特別企画：全国企業「後継者不在率」動向調査（２０２１年）」

「ここで注目すべきは、後継者不足が改善傾向にあるということなんです」

２０２１年の「後継者不在」状況
総合：後継者不在率は４年連続で改善、調査開始後の２０１１年以降で最低
２０２１年の全国・全業種約26万６０００社における後継者動向は、後継者が「いない」、または「未定」とした企業が約16万社に上った。この結果、全国の後継者不在率は

61・5%となり、20年の不在率65・1%から3・6ptの改善、4年連続で不在率が低下し、調査を開始した11年以降で最低となった（図表22）。

出典：株式会社帝国データバンク 情報統括部「同調査」

「そして、事業を引き継ぐ主体や人材と先代経営者との関係性も変化しつつあります」

	2017年		2021年
同族承継	41・6%	↓	38・3%
内部昇格	31・1%	↓	31・7%
M&Aほか	15・9%	↓	17・4%

出典：株式会社帝国データバンク 情報統括部「同調査」を弊社にて加工

「このような変化は何を意味するのか。それはここ数年来、ますます一般の会社員が、市場取引を通じて中小企業の株主になったり、経営者になったりする道が開けてきたということです。ちなみに、みなさん、書店でこれらの本を見かけたことはありませんか。

■ 図表22 後継者に悩む中小企業

後継者不在率推移（全国・全業種）

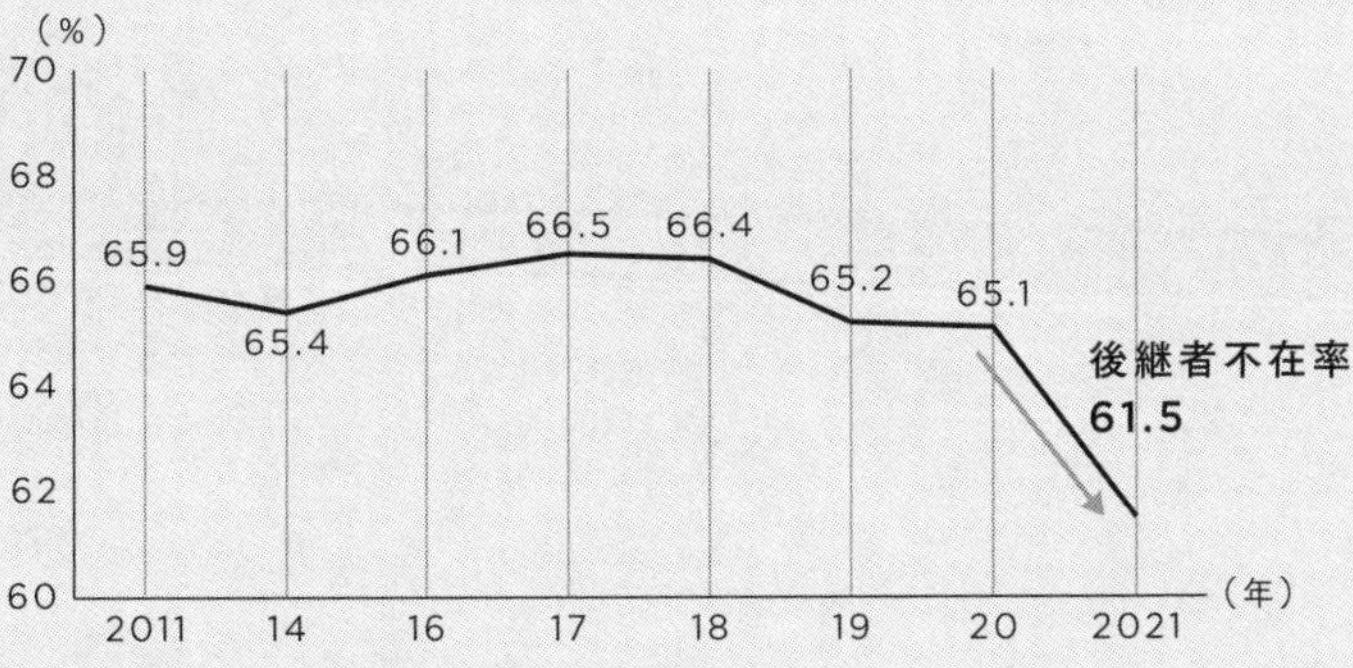

業種別（詳細）後継者不在率

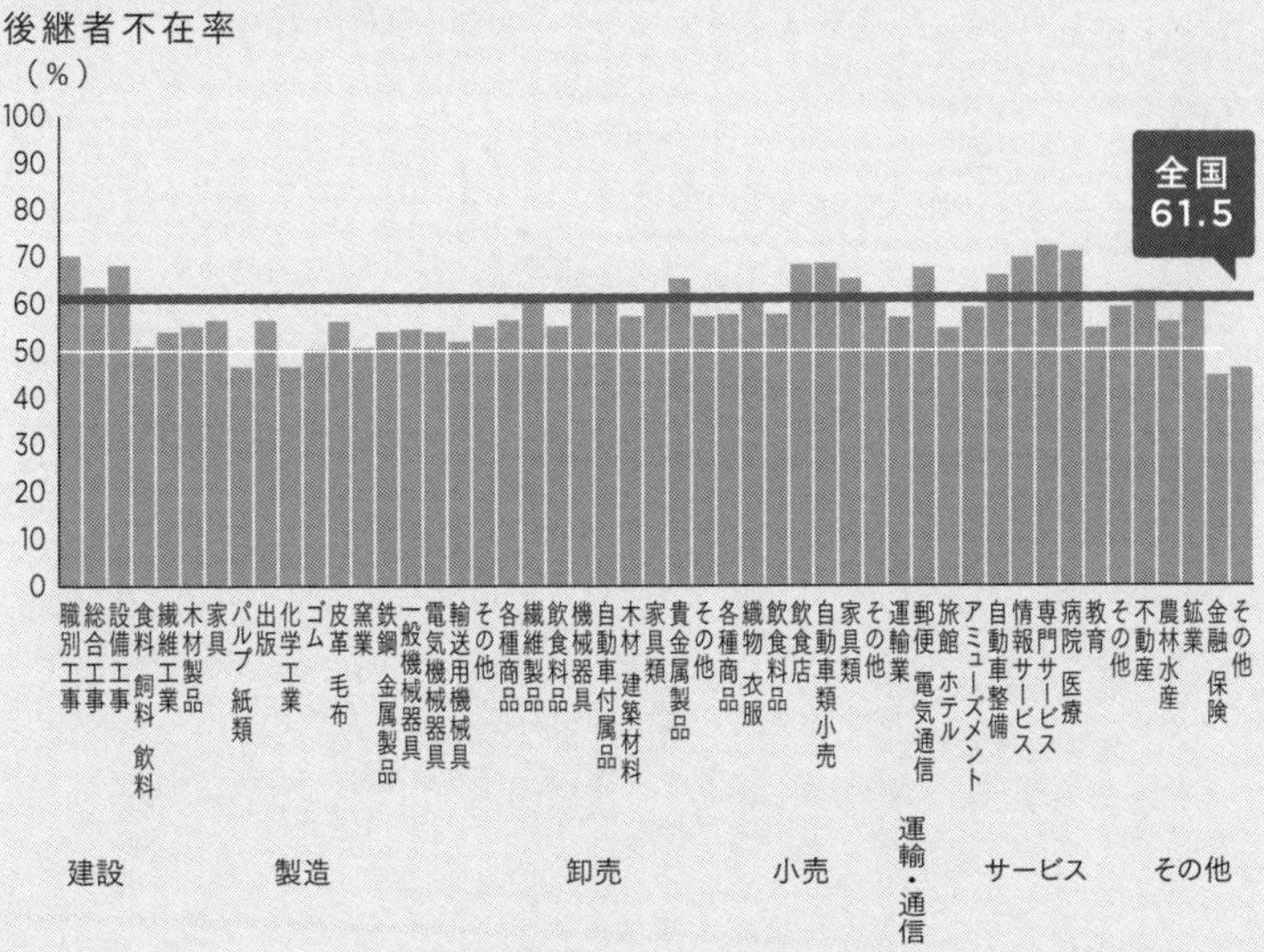

出所：帝国データバンク　全国企業「後継者不在率」動向調査（2021年）

■ 図表23 中小企業のM&Aの動向

M&A件数の推移

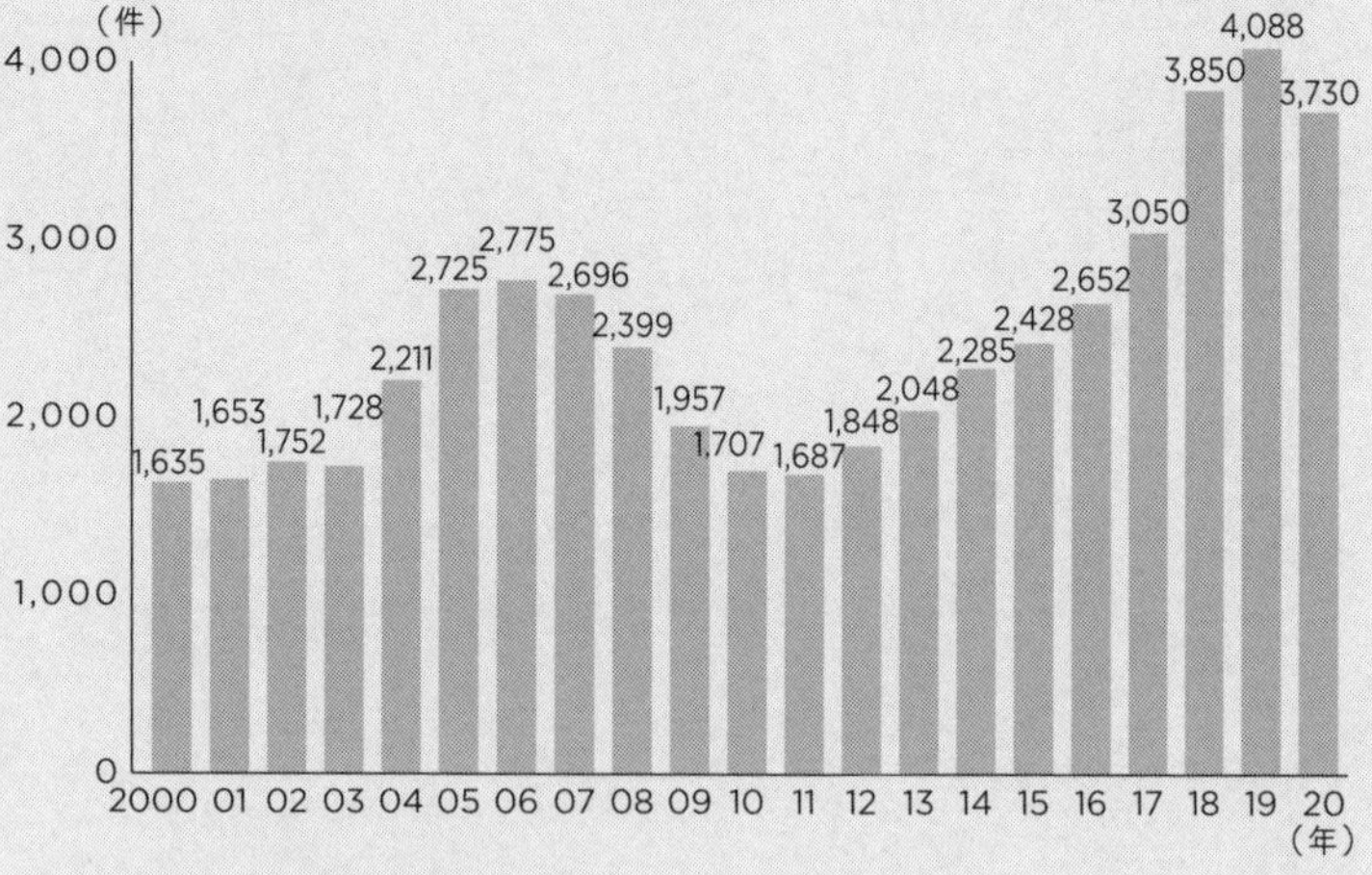

資料：（株）レコフデータ調べ
出所：「2021年版　中小企業白書」
https://www.chusho.meti.go.jp/pamflet/hakusyo/2021/chusho/b2_3_2.html

『サラリーマンは300万円で小さな会社を買いなさい』（三戸政和著）
『起業するより会社は買いなさい』（高橋聡著）
いずれも講談社+α新書

近年、このようなタイトルの書籍が立て続けに出版されていますが、まさにタイトルの通り、これまでのような大資本による巨額のM&Aだけではなく、個人のキャリアや資産形成の一環として、小資本のM&Aが注目を集めていますし、より広く中小企業全体のM&A市場も活況です。

2021年版　中小企業白書
中小企業のM&Aの動向（図表23）
（株）レコフデータの調べによると、M&A件数12は近年増加傾向で推移しており、2019年には4000件を超え、過去最高となった。足元の2020年は感染症流行の影響もあり前年に比べ減少したが、3730件と高水準となっている。これらはあくまでも公表されている件数であるが、M&Aについては未公表のものも一定数存在することを考慮すると、我が国におけるM&Aは更に活発化していることが推察される。

「ところでCさん。取引先の事業を承継されたらいかがですか？　もともとCさんは商社の立ち位置で取引されているのですから、Cさんが取引先の経営者になれば、Cさんがこれまで受け取っていた販売手数料を外部に支払う必要がなくなりますから、たとえば製品の販売価格を引き下げることもできますよね。そうすると製品の競争力が高まるでしょうから、売上を伸ばす、ともできるのではないでしょうか」

「……確かに、これまで取引先の事業を引き継ぐなんて考えたこともありませんでしたが、可能性としては確かにあります。当社の経営課題の解決に、M&Aの手法（垂直型M&A）を用いるということですね（図表24）」

■ 図表24 同業種におけるM＆A

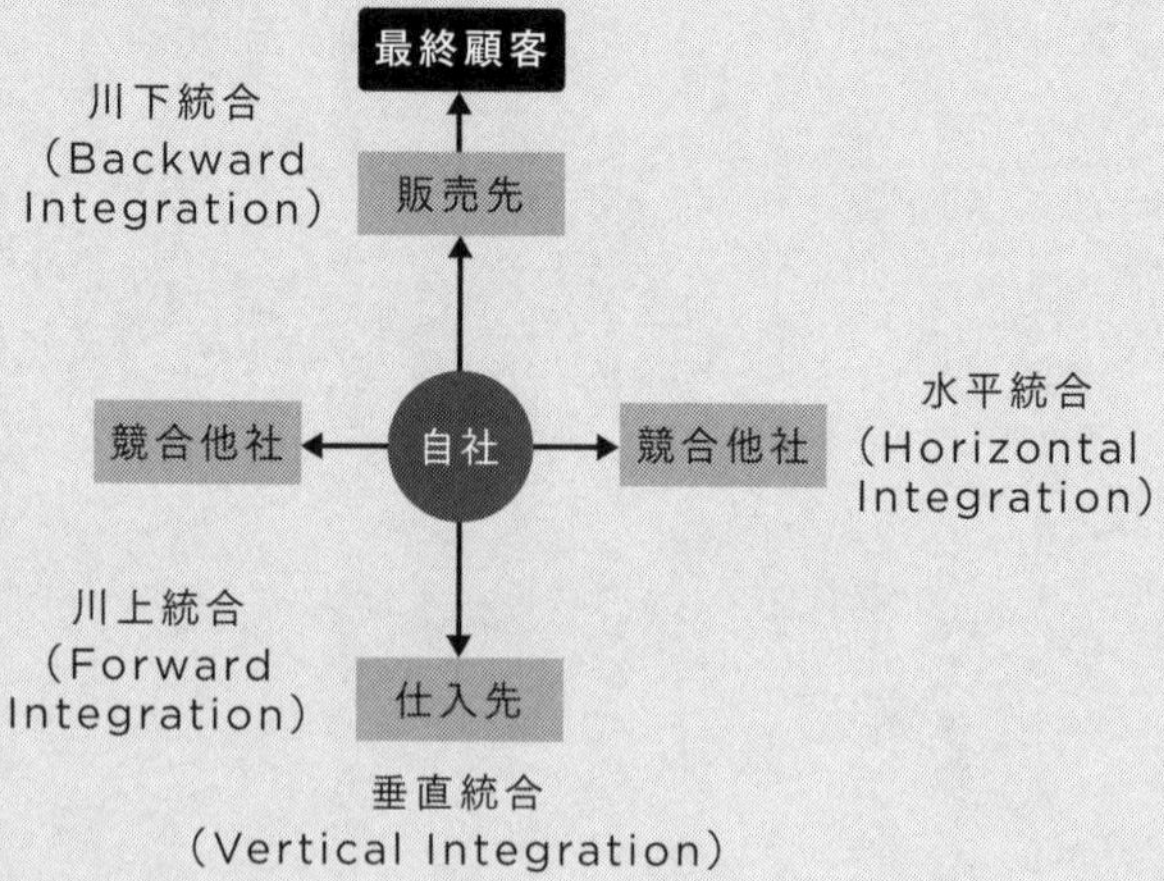

▼同一業種内のM＆Aには、次の2つがある。

垂直統合

- 垂直統合の目的は、コスト面あるいは市場面で自社がコントロールできる範囲を拡げ、他社に対して競争優位を確保することである。
- 仕入先である川上の事業に進出する場合と販売先である川下へ進出する場合がある。

水平統合

- 水平統合の目的は、スケールメリットを活かし、他社に対してコスト優位性を確保することである。
- 水平統合は、規模の経済性を活かせる成熟業界にある業界で頻繁に行われる手法である。

「まさにその通りです」

「いやあ、本の読みかじりですが、ＭＢＡの授業で解説されるような手法が、うちみたいな小さな会社にも当てはまるなんてねぇ」

「ですが、読書と実践では緊張感がまったく違うでしょ？」

「先生のおっしゃる通りです」

「他のみなさんも、とにかく全体像をつかむように努めましょう。確かに事業によって資本の大きい小さいありますが、事業が経営として完結した全体であることは変わりません。たとえばＭ＆Ａ仲介事業者が、一般に公開している案件情報を分析してみるだけでも、キャリアや事業経営に対する視野は広がりますよ。また日本の現状を踏まえた場合、ローカル経済圏にも注目してみてください。ローカル経済の中小企業、小規模事業者です」

地方の中小企業にはチャンスが潜んでいる

中小企業庁「2020年版『小規模企業白書』(ちなみに中小企業庁は『中小企業白書・小規模企業白書』として公開している)」において、長期時系列でみた中小企業の経営課題は、全体として「売上・受注の停滞、減少」を挙げる回答が多い中、特に2013年以降「求人難」を挙げる回答が多くなっている(図表25)。

また企業規模別、業種別にみた重要と考える経営課題は、規模や業種を問わず「人材」および「営業・販路開拓」であるとする回答が6割を超える中、特に中規模企業の非製造業は、その8割超が「人材」と回答している(P256図表26)。

なお、ここで中小企業及び小規模事業者の定義についても触れておく。国や行政はこの区分に応じて各種公的助成金・補助金を出しているし、これらの企業体に関与するのであれば、制度を上手に活用するとよいだろう(P257図表27)。

ちなみに、日本政策金融公庫は広範な調査を踏まえ、働く場としての中小企業の特徴を

■ 図表25 経営上の問題点の推移

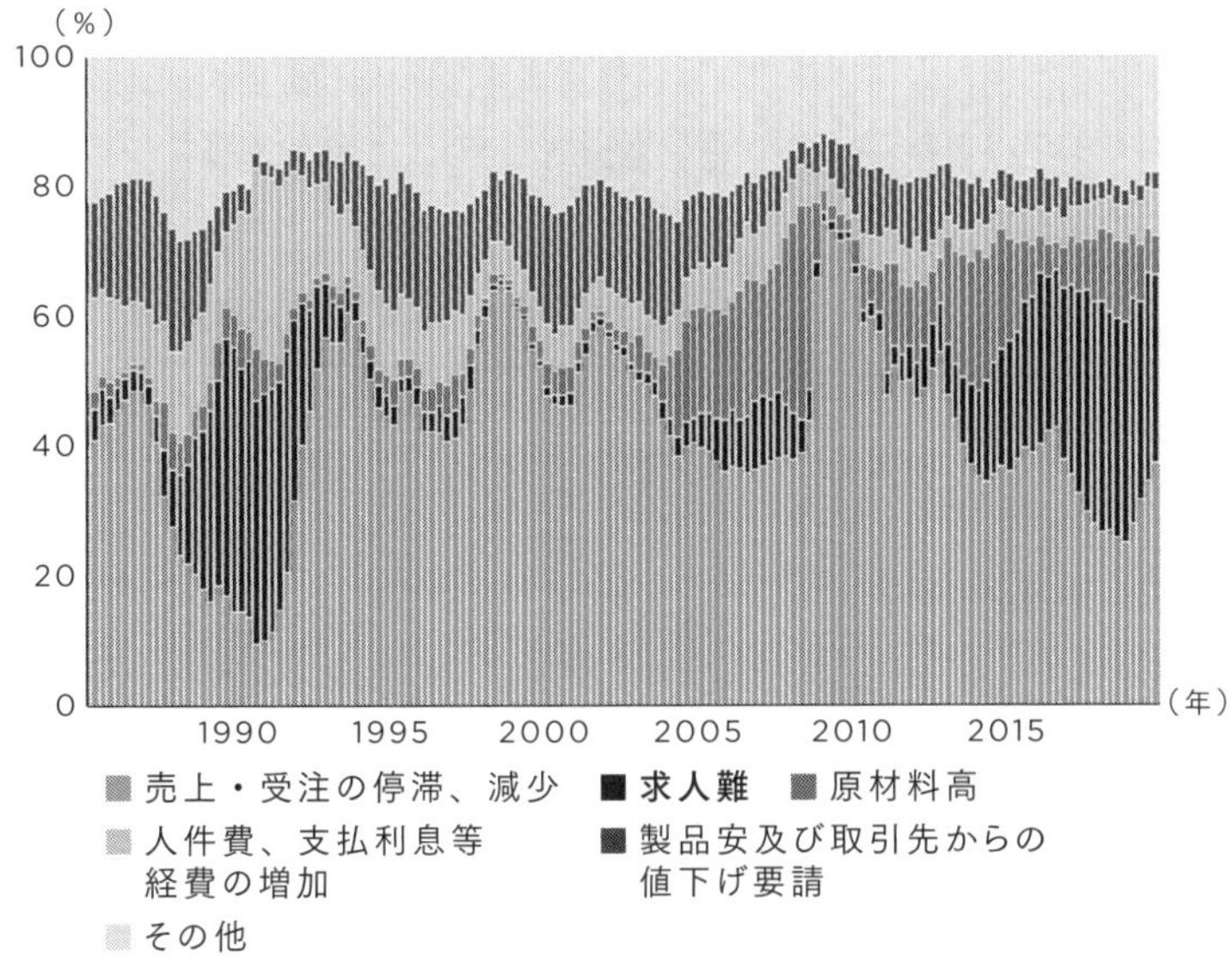

注：ここでいう中小企業とは、（株）日本政策金融公庫取引先のうち、原則として従業員数20人以上の企業。
出所：（株）日本政策金融公庫「全国中小企業動向調査」（中小企業編）

5つの魅力と1つの課題に整理している。

●働く場としての中小企業の特徴——5つの魅力と1つの課題

①地元密着型の生活重視のライフスタイルを支える

地元には、転勤のない就職先大企業は少ない。地元志向の優秀な学生は中小企業に集まる。

②小さい組織ゆえの昇進・昇格・枢要な地位獲得のチャンス

社内の競合が少ない〝逆スケールメリット〟あり。昇進期待は、各社員の働く意識を高める。

③働き手の目から見て感じられる

■ 図表26　重要と考える経営課題（企業規模別、業種別）

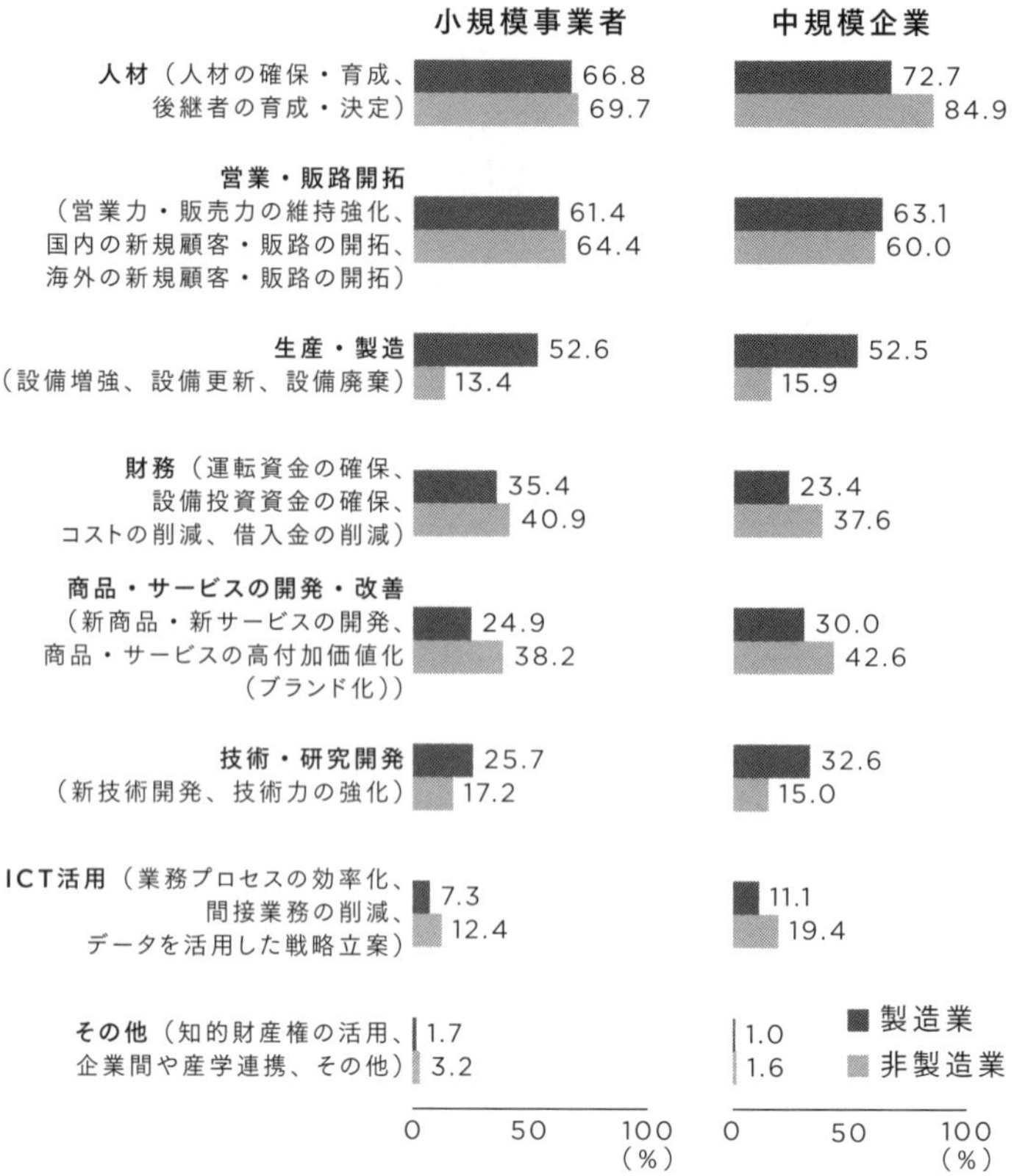

注：1．重要と考える経営課題は、直面する経営課題のうち、上位三つまでを確認している。ここでは上位3位までを集計。
2．複数回答のため、合計は必ずしも100％にはならない。「特になし」の項目は表示していない。
3．各回答数（n）は以下のとおり。小規模事業者製造：n＝918、同非製造：n＝1,255、中規模企業製造業：n＝1,166、同非製造業：n＝680。

出所：2020年「小規模企業白書」

■ 図表27 中小企業者の定義

業種分類	中小企業基本法の定義
製造業その他	資本金の額又は出資の総額が3億円以下の会社又は常時使用する従業員の数が300人以下の会社及び個人
卸売業	資本金の額又は出資の総額が1億円以下の会社又は常時使用する従業員の数が100人以下の会社及び個人
小売業	資本金の額又は出資の総額が5千万円以下の会社又は常時使用する従業員の数が50人以下の会社及び個人
サービス業	資本金の額又は出資の総額が5千万円以下の会社又は常時使用する従業員の数が100人以下の会社及び個人

出所：中小企業庁HPより

身近な経営・経営との一体感

経営者との良好なコミュニケーションは、経営の透明性を通してモチベーションを向上させる効用もある。

④**社内における高い自由度と自己実現・多様なスキル獲得**

社内における自身の比重の大きさと、それに伴う裁量の広がり、多能化の豊富な機会がある。

⑤**転職を前提とした生き方を支える受容体となる**

一つの会社にとらわれない多様な職業・職種・職場を提供する役割を果たしている。

⑥**一方で、組織の未熟・未整備・規模の不利は現実的な課題**

ワンマン体制・ガバナンスの不備・組合も含めた組織体制の未整備は、解決すべき課題である。

出典：日本公庫総研レポートNo 2014-6
「働く場としての中小企業の魅力」（2015年3月20日）

我々は、公庫による整理を素直に受け取ることもできるし、一方で穿《うが》った見方をすることもできる。

たとえば②と③などは、職場の人間関係が濃密であることの裏返しとも取れるため、現に職場の人間関係に悩む会社員には、受け入れられないかもしれない。但し、それは現在と同じ会社員という立場で働く場合においてだ。

読者にとって、これらの企業体が仮に「買収対象」であれば、どんな企業風土、どんな人間関係を望むのかを自身で決めることができる。

また、これら企業のソフトな側面は、⑥を整備することにより解消できる部分も大きい。そもそも小さい会社を買うのは博打ではない。一方で、思わぬ掘り出し物が存在するのもまた事実である。単なるラッキーではなく、そのような案件を引き寄せるのは、事業を徹底的に分析し評価する能力、課題を捉えて解決策を考える能力など、自身の思考力によるところが大きい。

また、国や行政に提出する企画書や申請書など、書類を作成する能力も存外に重要だ。そして、これらの能力は、大企業や上場企業に勤める会社員の多くが、自覚もないまま当たり前に保持するものなのである。

ゼロを知らない会社員が事業をやるには

いずれにせよ、副業や兼業の先にいずれ起業という選択肢があるとするならば、事業を買うという選択肢ももち合わせるとよいだろう。事業を自力で一から立ち上げるより、冷徹なデューデリジェンスを前提として事業を買収するほうが、当該事業を軌道にのせる、安定させるという点において、リスクを大幅に軽減することができるからだ。そして現在は、国策もそのような選択を後押ししている。

なお、「事業を自力で一から立ち上げるより、――」と書いたが、これは自力で起業した後の企業生存率、その経年変化を追いかけてみれば分かる。

1年目　約96・0％
2年目　約92・2％
3年目　約88・5％
5年目　約81・5％

10年目　　約66・5%

この数値はここ10年の廃業率を約4%としたときに1年目を96・0%（100%−4%）、2年目を96・0%×96・0%、3年目以降同様として算出したものである。

なお、この数字の母集団には、創業以来何十年ものれんを守り続けている企業も含まれるため、期間の10年内に起業して廃業した企業の生存率は、より低く見積もる必要がある（国税庁の数字等によれば、会社が10年続く確率は6%程度であり、この値は個人事業主か法人によっても異なる）。特に会社員が、新規起業のリスクを相当高く（起業後の生存率を相当低く）見積もるべき理由は、会社員という働き方では「ゼロイチ起業」のゼロを本当には知ることができないからだ。

ここで『サラリーマンは300万円で小さな会社を買いなさい』（三戸政和著、講談社+α新書）から次のくだりを引用する。

■**サラリーマンはゼロを知らない**

起業して自分で事業を作ることは、ゼロからイチを生み出し、ようやくイチができたものを10まで自分で育てていくことです。それができる人は、本当に一握りです。天才であり、ある意味、変人です。でも、このことに気づいている人はあまりいません。

一方、サラリーマンの中間管理職のほとんどは、100の規模の事業組織の中で、その一部分を管理し、それが10なら、10のまま維持することを仕事にしてきたといえます。そのうえで、理想的には10を11にし、11を12にして全体をさらに大きくすることに寄与する。あるいは逆に、10を5へとダウンサイジングしたり、リストラのため5をゼロにするケースもあるかもしれません。

いずれにせよ、簡単にいえば、「まったくゼロから新しいものを創出する」という経験がないのが、サラリーマンです。（中略）土台が何もないところからビジネスプランを練り、自分でお金を用意し、不動産を借りて会社を登記し、売り上げが立っていないのに将来のプランだけで銀行と交渉してお金を借り、まったく実績もない状態で営業をし、販売ルートを作り、外部に発注し、人を雇い、製品やサービスを完成させ、販売を開始しなければなりません。そこで売り上げがあがり、事業が回転を始めて、ようやくできるのが「イチ」です。

しかも、事業が軌道に乗り、安定するまでには、いくつもの高い山が立ちはだかります。

出典：『サラリーマンは300万円で小さな会社を買いなさい』（三戸政和著、講談社+α新書）P52〜54

起業で失敗する人の8つのパターン

筆者もこれまで様々な起業者を見てきたが、うまくいかない起業の典型例は次のようなものである。

①お金を儲ける罪悪感
②根拠なき過剰な自信
③経営理念頼みの無謀
④金さえかければ幻想
⑤他をあてにする甘え
⑥新規性・独自性の罠
⑦すぐに我が出る悪癖
⑧Lに関する理解不足

まず「①お金を儲ける罪悪感」は、実に多くの起業者予備軍が抱え、そして超えていかなければならない性質だ。たとえば、作るそばから原価割れするような販売価格を設定してしまっていたり、事業の規模や採算を度外視した圧倒的な低価格を売りにしたりするような起業者は、大概この性質を保持している。そのような起業者は、顧客にとって価格の安さがすべてと思い込んでいるし、より積極的に、自ら1円でも安い商品やサービスしか選ばない顧客を商売相手として呼び込んでいるのだ。

次に「②根拠なき過剰な自信」であるが、起業者の中には、私が手がければどんな商売も成功すると思い込んでいる者もいる。ただし、その根拠はない。それに何より、どんな商売（業種）を手がけても、起業者の才覚や努力により、同じような確率で成功できるのだろうか。

たとえば2021年版「中小企業白書」から業種別の開廃業率を見てみよう。開業率は「宿泊業、飲食サービス業」が最も高く、「生活関連サービス業、娯楽業」「情報通信業」と続いている。また、廃業率は「宿泊業、飲食サービス業」が最も高く、「生活関連サービス業、娯楽業」、「小売業」と続いている。

また、開業率と廃業率が共に高く、事業所の入れ替わりが盛んな業種は、「宿泊業、飲食サービス業」「生活関連サービス業、娯楽業」「情報通信業」であることが分かる。他方、開業率と廃業率が共に低い業種は、「製造業」、「運輸業、郵便業」、「複合サービス事業」となっている（図表28）。

このように宿泊業・飲食サービス業は開業率も1位だが、廃業率も1位だ。先に紹介した『サラリーマンは300万円で小さな会社を買いなさい』でも、わざわざ1章分を費やして飲食店経営のリスクを論じている。詳しくは同書「第2章　飲食店経営に手を出したら『地獄』が待っている」に譲るが、いずれにせよ根拠なき自信だけで業種別の儲け辛さを覆すのは簡単ではない。

だがそれでも、何の策もなく苦難に飛び込もうとする起業相談は、後を絶たない（一方、読者はそのような苦難を回避する起業や企業買収を、選択することができる）。

次に「③経営理念頼みの無謀」であるが、これは企業経営において崇高な哲学があれば、もしくは起業する動機が純粋であれば、絶対にうまくいくという思い込みである。

確かに偉大な経営者は哲学を語るが、哲学だけで経営してきたわけではないことは、当の偉人が経営してきた会社に接する機会をもてば分かる。また経営哲学は「無我夢中で事業を切り盛りしてきた過程で、自然に出来上がってきた、自覚するようになった」と語る経営者も多い。

たとえば、どんなに崇高な経営理念を掲げて起業したとしても、消費者がその会社を知

■ 図表28 業種別の開廃業率

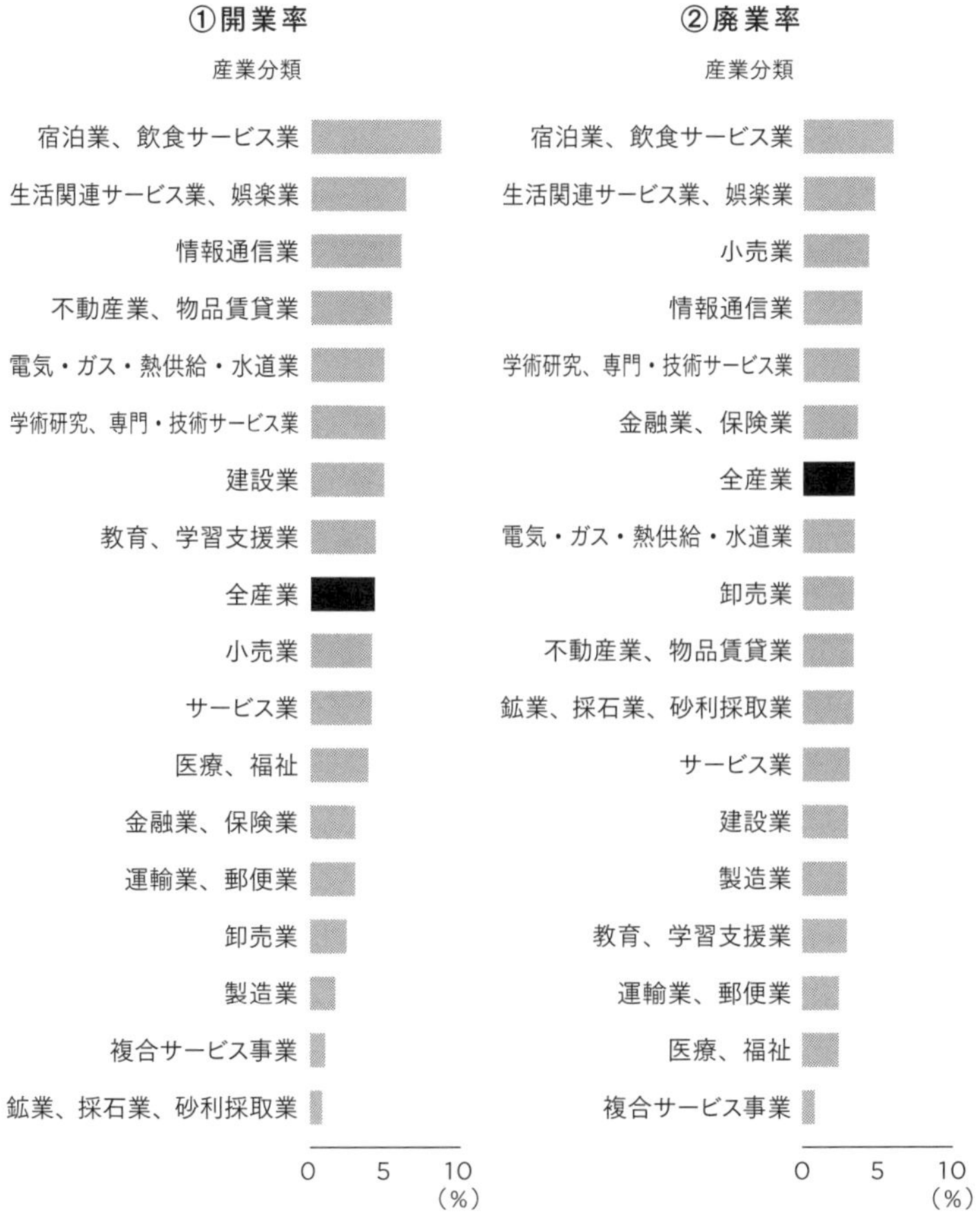

注：1. 開業率は、当該年度に雇用関係が新規に成立した事業所数／前年度末の適用事業所数である。
2. 廃業率は、当該年度に雇用関係が消滅した事業所数／前年度末の適用事業所数である。
3. 適用事業所とは、雇用保険に係る労働保険の保険関係が成立している事業所数である（雇用保険法第5条）。

資料：厚生労働省「雇用保険事業年報」のデータを基に中小企業庁が算出
出所：2021年版「中小企業白書」

らなければ、お客になりようがない。創業期に経営理念を一万回唱えるよりは、セールスレターを書いて配るべきだ。

次に「④金さえかければ幻想」であるが、これは先に崖から飛び降りる起業と書いたものだ。本来であれば、起業において固定費の支出は極力抑えるべきである。だが、自分の理想とする店構え、内装に対する思い入れが強すぎて、居ぬき物件ではなく、わざわざ工事の手間とコストがかかるスケルトン物件を選んでしまうような起業者がいる。

そのような人物は、起業という人生をかけたイベントの熱に浮かされて、周囲の忠告など耳に入らなくなっている。また金をかけることこそが、競合に対する差別化だと思い込んでいる。

ここではっきり言っておきたいのは、**起業に人生などかけてはいけないということと、消費者は起業者の自己満足に、お金を払うわけではない**ということだ。

元・会社員が起業した時に陥りがちな罠

次に「⑤他をあてにする甘え」であるが、これはかつて相応の役職にあった会社員などが、起業しようとする際、時に、人物により見られる態度だ。たとえば、事業計画を作成するにあたり、カネも払わずかつての部下やコンサルタントなど、誰かに手伝ってもらおうとしたり、計画の実行を丸投げしようとしたりする（「昔は、世界でも有名なコンサルティングファーム、経営コンサルタントとよくお付き合いしていました」などと自慢しながら）。

起業において、すべての業務を自分で抱える必要はない。専門家の領分や自分が不得手な手続きなどは外部に委託してもよいが、何様かでもあるようにふんぞり返って、金も払わず周囲をうまく使っているふうの態度、言動は勿論、嫌われる。

そして、起業してもうまく事業が立ち上がらないのは明らかだ。

次に「⑥新規性・独自性の罠」であるが、これは巷の起業塾、創業塾が起業者に、事業の新規性や独自性を求めすぎることにも起因するようだ。

確かに起業のアイデアに新規性や独自性があることは素晴らしい。だが一方で、新規性や独自性の高い事業は、まだ市場において認知されていないこともほとんどで、市場で認知され、それが浸透していくのに相応の時間とお金がかかるということだ。

起業者の多くがスティーブ・ジョブス氏やジェフ・ベゾス氏、ラリー・ペイジ氏、セルゲイ・ブリン氏などと同様の事業で、世界を変えたいというのであれば話は別だ。だが、そこまでの野心は持ち合わせないとするならば、新規性・独自性に囚われすぎるという罠には、注意する必要がある。

次に「⑦すぐに我が出る悪癖」であるが、どの商売にも先達がおり、その人物が知る商売の心得やコツ、タイミングなどがある。だが、なかには先達のちょっとした教えに対して「それは見た、聞いた、分かっている」と言って、すぐに自分のやり方を当てはめ固執し、結果として本来うまく行くはずの取引が、うまく行かなくなってしまったケースを見てきた。

また、これは起業だけでなく、副業や兼業にも当てはまるだろうが、商売をはじめた当初は誰も仕事が欲しいものだ。特に起業した当初などは、喉から手が出るほど仕事が欲しい。

だが、その欲にまかせて「善意の先達」を無視したり、忠告を守らなかったり、不義理にしたりした末に、質のよい人脈を失ってしまった起業者もいた。

「G」から「L」に視点をずらす

最後に「⑧Lに関する理解不足」であるが、先ず「L」という記号について説明が必要だろう。ここで「L」とはローカル経済圏のことを指し、グローバル経済圏「G」との対比で用いる。

これらの概念は、冨山和彦氏が様々な著書で提唱している。同氏は、企業を大企業と中小企業に分けるのではなく、グローバルの「G」とローカルの「L」に分けることで、それぞれのまったく異なる経済成長戦略を描いた。

たとえば、Gの世界は製造業やIT産業が中心になる世界であり、国を超えた激しい企業間競争を前提に「規模の経済性」を追求する経済圏だ。規模の経済性とは、巨大なマーケットに対して、製品の生産量やサービスの提供量を極限まで増やし、製品あたりの生産コストやサービス提供コストを同じく極限まで引き下げようとする事業の経済性を指す。

それに対して、Lの世界は基本的には非製造業が中心になる世界であり、「密度の経済性」を追求する経済圏だ。密度の経済性とは、事業活動を特定の狭いエリアに集中させ、事業にかかる資金の運用効率を極限まで高めようとする事業の経済性を指す。

たとえば冨山氏が挙げるLのプレイヤーは、飲食業や小売業、ホテルや旅館などの宿泊施設、医療・介護など社会福祉施設、そして公共交通機関、物流業などであり、基本的には対面でサービスが行われ、生産と同時(同時性)にその場(同場性)で消費される経済圏である。このように商品やサービスの提供には、同時性と同場性が求められるため、多くの場合、Gの世界のような競合関係は成立しない。

なお、筆者が交流してきたLの世界のプレイヤーは、フランチャイズ・システムなどを上手に活用している。たとえば、同システムの流行り廃りを見極めながら、複数のシステムを組み合わせて同時に展開している場合も多い。また、旅行者に対して飲食、小売、旅館サービスを漏れなくワンストップで提供していたり、地方自治体が提要する公共サービスの指定管理事業者になっていたりもする。

また、彼らは事業の新規性や独自性などを重要視しない。なぜなら、Lの世界の消費者は、多くの場合非常に保守的であるため、彼らに新規性や独自性の高い商品やサービスが受け入れられ消費されるまでに、多くの時間と労力がかかるからだ。

このように、Lのプレイヤーは、地域の特性や消費者の性質なども熟知した商売をしているのである。反対に、Gの世界で会社員をしていた人材が、Lの世界に乗り出す際には、よくよくLの世界を見極めてから参入することをお勧めする。

この①から⑧は人間関係にも当てはまるし、副業や兼業、そして起業にも当てはまると筆者は考える。そして、たとえば会社員が、就社人と消費者の「間」に身を置くことで見えてくるのは、このようなメンタリティであり、新たな常識であり、そして留意点なのだ。

特に、**大きな組織で働くような会社員は、いったんGの世界を離れて、Lの世界をつぶさに観察してみることをお勧めする。**会社員を辞めて、ゼロからはじめなくても、生涯手がけていけそうな事業に出合えるかもしれないからだ。

また、確かに「サラリーマンはゼロを知らない」が、一方でたとえば先達の知識や経験、一定の作業、場合によっては事業そのものなど、「これはお金で買ってしまったほうが早い」を実践するなど、**ゼロからはじめる必要がないという見極めができる**のも、ビジネスに関する一定の見識を備えたサラリーマンだからこそなのである、とも追記しておく。

今回は、講師として営業代理店とどう付き合うかについてお話しします。これも様々ですが、たとえばとして聴いてください。

■営業代理店との付き合い方

私のような企業研修講師のために仕事をとってきてくれる営業代理店・企業のことを、ここでは研修エージェントと呼びます。

冷たい言い方をすれば、研修エージェントにとって、講師は単なる商品に過ぎません。ですが、商品を大切に扱ってくれるエージェントもいれば、そうでないエージェントもいますので、見極めは必要でしょう。その上で、講師が研修エージェントとよい関係を築くためには、次の条件を満たす必要があります。

・確かな講師力があること
これは絶対条件です。上場企業をクライアントとしている研修エージェントにとって、確かな講師力、しかも上場企業品質の講師力がないと話になりません。研修エージェントはシビアに講師の品質を見極めています。

・営業に協力的であること
研修エージェントは、講師が評判をとり、クライアントが毎年同じ研修を実施してくれるようになったり、他の研修も任せてくれるようになったりすることを求めています。また、たとえば研修カリキュラムの作成、提供や顔合わせ、打ち合せなど、営業同行にも積極的に協力しましょう。

・教材を保持していること

研修エージェントが、自社内でオリジナルのコンテンツを開発し、講師はただ講義をするだけということもあります。但し、それは新入社員研修やせいぜい若手社員の研修に限られているようです。その場合、エージェントの知財やマニュアルを使用するわけなので、講師側の取り分も少なくなります。大体30％くらいは少なくなると思います。一方で、経営の根幹に踏み込むようなオーダーメイドの研修は、講師のノウハウや教材頼みになることがよくあります。

・ネットワークがあること

上場企業品質の講師は、1年以上先まで予定が埋まっています。ですが、クライアントは、自社の研修会場等の予約等都合があり、講師に日程を打診する頃には、当の講師の都合がつかないことも日常茶飯事です。その際、同じ品質を担保できる講師同士のネットワークは、実にありがたいのです。

最後に講師料ですが、研修エージェントが上場企業クラスの会社から、研修案件を受注したとしたら、その約半分を講師に支払ってくれるというようなイメージです（勿論、研修の難易度や講師の力量により異なります)。他、遠方への出張を伴う研修、その実施にかかる旅費交通費一切は、研修を発注する会社かエージェントが負担します。

今回も喜多川さんは、講師業の心得を講義してくれたが、内容は自分が漠然と想像していたものとは違っていた。たとえば彼女はよい講義について次のように話した。

・講義

先ず「受講者は、講師の話を聴くよりも自分が話したい」ということを心得ましょう。多くの研修において、この原理原則を踏まえたカリキュラム構成のほうが、受講者満足度は高いと言えます。

したがって、各テーマにかかる講義は最長60分程度に抑え、60分を超過する場合は、なるべく休憩をはさむと良いでしょう。

その際、次の原理原則も実践してみてください。

それは「受講者は、講師から問いかけられないと自分で考えない」ということです。たとえば、講師が一方的に講義を進めると、受講者はその間ずっと受け身の姿勢で聴講することになります。ですが、講師がひと言「今の話について、感想を教えてください」「このキーワードをご存じの方は？」などと質問をすることで、受講者は講義を主体的に捉えるようになるのです。

また、講義そのものについてですが、かつてうまい講師は扱う「接続詞」の数が多いと聞いたことがあります。確かに扱う接続詞の数によっても、話の単調さは解消されるでしょう。

特に「受講者は、講師の話を聴くよりも自分が話したい」という言葉に、目から鱗が落ちる思いがした。確かに自分が受講者の立場になれば、講師の話を延々と聴かされるのは正直に言ってつらい。また喜多川さんによれば、コロナ禍でも変わらず仕事を受注していた、もしくは仕事を広げていた講師は、この原理原則についてよく分かっており、その上でカリキュラムを構成していると言っていた。

また「講師は、常に最新の経営理論や事例をインプットして、精通していなければならないというのも誤解です」と言っていた。

「だって最新の経営理論が、その後も残り続けるか、使われ続けるかも分からないでしょう。受講者が単に『最新』を聞きかじっても、多くの場合、あまり実務の役には立たないし、それに『最新』は、企業の人事担当者が教えてくれることも多いです。だから、講師ははじめから何でも知っていなければならないなんて思いこまなくていいんですよ」

仮に、自分が講師業という道に進むとしても、肩肘張る必要はないのだなと理解して、心が軽くなった。ただし、まだ講師業というものが自分の生業になるのか、副業や兼業になるのかすら定かでなかった。仮に、研修エージェントに講師として登録したとしても（登録用プロフィールの書き方は、喜多川さんが教えてくれたが）、果たして仕事の依頼なんて来るのだろうか。

そして数日後――。

喜多川さんから、オンライン・ミーティングをしたいと連絡があり、

「上倉さんの会社は副業ＯＫでしたよね？」

「はい、リストラが終結して以降、ＯＫになりました。会社としては最低限の給料は出すから、後は自分で稼いでくれということなんだと思います」

「そうですか。では、上倉さんにちょっと手伝ってもらいたいことがあるんですが……」

「えっ？　はあ……」

彼女の話は、要約するとこういうことだった。

某大企業から、彼女のもとに、2020年6月に施行されたハラスメント防止義務法制化を受けて、同研修を全社およびグループ企業にも展開したいという依頼があった。ただし、彼女一人で全国の事業所をまわるのは到底不可能なので、仲間内に相談したが、それでも適任の講師が足りない。そのような次第で、私(上倉)に講師を依頼するのだと。

「私でいいんですか? ご存じのとおり、講師の経験ないですけど」

「勉強会の自己紹介で、社内にコンプライアンス部門を立ち上げる際に、講師を務めたとおっしゃっていましたよね。労務管理や人事評価の研修も内製していたって」

「ですが、あくまで社内講師ですよ」

「最初はそれで十分です。それにご自身はお気づきでないかもしれませんが、上倉さんがお勤めの会社、業界はコンプライアンスや内部統制が他の業界に比べてもシビアに扱われていますので、ご経歴としてはばっちりです。今回、一般社員向け、管理職向けに分けて、全事業所、全グループに展開しますが、上倉さんには一般社員向けに講師をお願いしたいと思います。いずれも教材は私が準備しますが、一般社員向けの研修は1回3時間です。あと、第1回目は私が講師を務めますから、その時にオブザーバーとして参加してください」

私には、この依頼を引き受けない理由はひとつもなかった。私にできるのか? ということを除けばだ。私の不安を察したのか、喜多川さんは言葉を継いだ。

「この仕事で大切なことは、先ずは何より心得だと思っています。そしてその次に大切なのはインストラクションの技術ですが、上倉さんにはどちらも十分ご理解いただけていると思っています。大丈夫です、その辺りが難しそうな方にはお声がけしませんので」

私は、勉強会で講師プロフィールの書き方をならい、試しに研修エージェント数社に送ったが、ほとんどなしのつぶてだった。ただ、そんななかでも一社からは模擬講義をしてくれないかと返事がきた。そんな状況で、この機会はまさに渡りに船だ。

ただ、喜多川さんには、どんなメリットがあるのだろうか？　とも考えた。後々、法外なお金を請求されるのではないかと疑ったりもした。

だが、私の心配は杞憂に終わった。

これは後日談になるが、彼女は自身の勉強会で、私が自己紹介するのを聞いていて「（言葉を選ばずに言えば）鴨が葱を背負って来た」と思ったそうだ。

生涯食べていくために一番大切なのは「誰と付き合うか」

生涯キャリアを自己管理していく上で、もっとも大切なこと、気を付けておくべきことは何かと問われれば、それは**あらゆる利害関係者（顧客、代理店、社員、取引先、金融機関など）に関して「誰と付き合うか」**だと答える。かく言う筆者も、かつて知人や友人の紹介で、筆者を訪ねてきた人物と面談した際に「（言葉を選ばずに言えば）鴨が葱を背負って来た」と直覚したことがある。

また、企業のリクルーティングにも、知り合い紹介のようなリファラル採用というものがある。ここでリファラルとは、委託や推薦、紹介といった意味であり、リファラル採用とは、自社の社員ほか自社に関わりのある人物から、人材の紹介や推薦を受けることにより進める採用活動のことだ。ちなみに、株式会社マイナビによる「中途採用状況調査（2021年版）」によれば、リファラル採用を導入している企業は全体の56・1％にのぼる（図表29）。

なお、この採用方法のメリットとデメリットには、次のようなことがある。

■ 図表29 リファラル採用を取り入れている企業

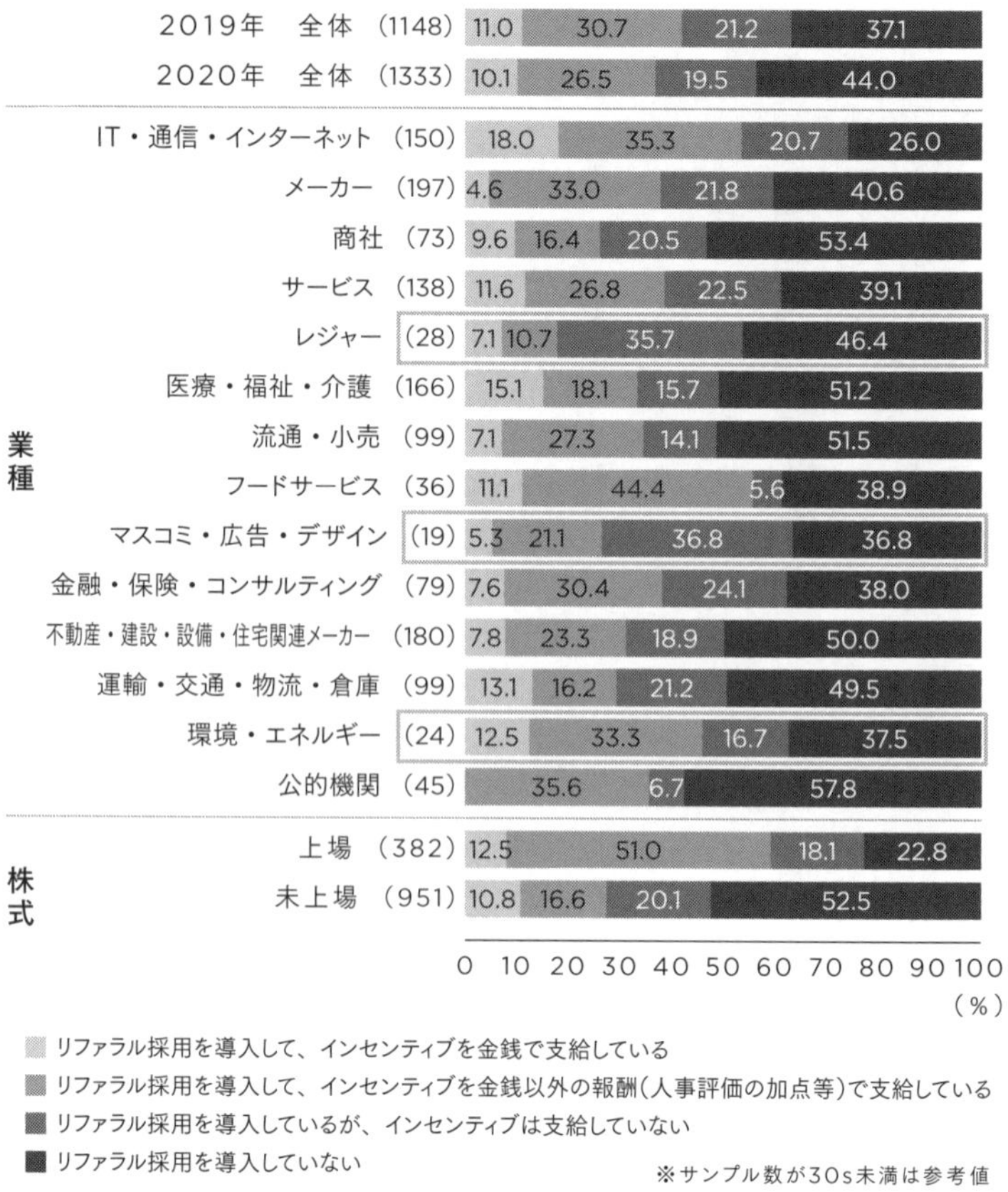

【調査概要】「中途採用状況調査（2021年版）」

- 調査機関／スクリーニング調査・本調査：2021年1月14日（木）～1月20日（水）
  ※一体で実施
- 調査方法／インターネット調査
- 調査対象／「従業員数3名以上、株式上場or未上場、かつ2020年1～12月に、
  「有料サービス」を利用の上で中途採用を実施した企業」において、
  中途採用業務のうち、「採用費用の管理・運用」に携わっている人事担当者
- 有効回答／1,333件

※調査結果は、端数四捨五入の関係で合計が100％にならない場合がある。
※n＝30以下は参考値としている。

出所：株式会社マイナビ「中途採用状況調査（2021年版）」

先ずメリットであるが、リファラル採用は、一般的な採用活動にかかる莫大なコストを削減しつつ、一般的な転職サービスに登録していない潜在転職希望者層にも接点を持ち、優秀な人材を迎える機会が得られる。その際、自社をよく知り、かつ求職者をよく知る人物が介在するため、他の採用方法に比べてマッチングの精度は高まるし、入社後の不安もその多くを事前に解消できるため、結果として定着率も高まる。更には紹介者も、自社の魅力を再発見する機会を得てエンゲージメントが高まる。

次にデメリットであるが、紹介者と似たような思考、嗜好をもった人材が集まりやすく、場合によっては、会社に不利益をもたらすような派閥ができてしまうこともある。また、紹介者にとって、近しい知人や友人が仮に採用されなかった場合、双方の信頼関係が損なわれる可能性もある。また、採用後に一方が退職した場合、（その理由にもよるであろうが）他方の会社に対する思い入れも低下して、やはり退職してしまうような事態もあり得る。

さて、リファラル採用のメリットとデメリットを書いたが、このリファラルというものは、よくも悪くも紹介に関わる企業と人物をよく知るための手がかりになると筆者は考える。ここではデメリットとして書いたが、「人脈」というものは、やはり「類は友を呼ぶ」ではないが、同じような目的を共有する同士は長い付き合いになるだろうし、そうでない同士は疎遠になっていく。同じ人物が様々な人脈をもつのは、それぞれの人脈に求める目的が違うからだ。

では、生涯食べていくために必要な人脈とは、どのようなものだろうか。

これは、その目的のために「必要な人脈／必要でない人脈」を書き出して整理してみるとよいだろう。

そして人脈によっては、たとえば仕事を紹介する側もされる側も互いに感謝しつつ、仕事を出したり受けたりする、まさに早い、安い、うまいマッチング関係が築けるのである。

喜多川さんもこう言っていた。

「そうですね、上倉さんに仕事をお願いしたときに、仕事を出してあげたなんていう感覚はありませんでした。むしろ、『引き受けてくれて本当にありがとう』って感じでしたね。ただ、誰にでも、というわけにはいかないんですよね。お分かりいただけていると思いますが……。実はあの勉強会を主催したのは、お金が欲しかったわけではなくて、信頼できる人、一緒にやっていけそうな『人』を集めたかったからなんですよね。信頼できる人なんていうと生意気なようですが、それはあくまで私にとって信頼できる人ということであって、世間一般にだとか、絶対的な価値観においてだとか、そんな恐れ多いことではないですからね。

私も色々なコミュニティーに顔を出しましたけど、本当にそれぞれですよ。

たとえば同じ起業者の勉強会でも、起業者の数より自分を売り込みたい主催者側の士業者が多かったり、隣の起業者にしつこく売り込みをかけられたり、場合によってはハラスメントされたりなんていう場は間々あります。ですが、そればかりかと言うと、たとえばそういう売り込みに辟易《へきえき》してきた起業者が拍子抜けするくらい、ただただピュアに助け合おうとする人たちが集まる場もあります。それで一度、その会の主催者に聞いたことがあるんですよ。

これまで、この互助会のような場を乱すような人が、紛れ込んだことはなかったんですか？って。

そうしたらその方はこう答えてくれました。

『ああ、いましたけど、多くの場合、すぐにいなくなってしまいますね。その人にとってこの場は居心地が悪いんじゃないでしょうか。ただ過去に一人だけ、会の人に平気でウソをつく人がいたので、その人には私から話して会をやめてもらいました』

私はこう思うんです。みんな、善かれ悪しかれ自分にとって居心地のよい仲間うちで生きているんだなと。プライベートでは特にそうでしょう？　家族は別として、多くの人は居心地の悪い人間関係を避けることができますよね。

ただ、会社員の場合、嫌な人とも付き合わなければならない場合もあるかと思います。そういう人がたとえば起業したときに、先ず見直さなければならないのは、これまでしてきた『不適切な我慢』の扱いだと思います。多くの会社員は、人間関係なんかで少なからぬ我慢というものを時には長く経験してきているから、我慢を織り込み済みにして仕事をしようとか、人間関係を築こうとするんですよね。

そして、我慢を強いられる状況に遭遇したときに、**我慢しないという打開策を選択することがなかなかできない**んです。そうすると、たとえば人脈というのも、我慢を前提とした、居心地のよさという点で少なからぬ違和感を抱えたものになるんじゃないかな。なんといっても『類は友を呼ぶ』ですからね。

たとえば仕事だけで言えば、仕事を出してやっているなんてそぶりを微塵もみせずに黙って仕事をもってきて、仕事を引き受けたことを感謝してくれる人脈もあれば、大きな話ばかりするけど、全然仕事にならない人脈なんてのもありますからね。お客さんもそうですよ、お金をくれるから嫌なことも我慢しようと思えば、そういうお客さんともめぐり合うし……ですね。

上倉さんがね、会社を辞めても、またどこかで会ってお茶でもしたいな、仕事したいな、と思わない人は、要は上倉さんにとって最良の人脈ではないんですよ、きっと。反対に上倉さんにとってベストな人脈は、上倉さんを必ず活かそうとしてくれるはずです。それが上倉さんの期待したカタチやタイミングとは違っていたとしても――、私はそう思います」

マーケティング発想で自分のキャリアを考える

ますます多元化していく社会において、我々はキャリアをマーケティングしなければならない。その際、個人のキャリア・マーケティングと企業のマーケティングでは決定的に違うことを認識しておく必要がある。

R　RESEARCH　マーケット調査

S　SEGMENTATION　顧客層の細分化
T　TARGETING　私の顧客の特定
P　POSITIONING　他者との差別化
B　BRANDING　イメージの浸透
MM　MARKETING Mix　製品（サービス）、価格、流通経路、販売促進

企業における**SEGMENTATION（顧客層の細分化）**には、たとえば次のような変数（切り口）がある（図表30）。

そして、当該変数の選定は**TARGETING（私の顧客の特定）**と密接に関連しており、ターゲット選定の条件には次のような判断基準がある。

■ターゲティングのための6つの判断基準

①Realistic Scale（有効規模）
選定した顧客層は十分な売上高と利益を確保できる市場規模にあるか？

②Rate of Growth（成長性）
たとえ現状は市場規模が小さくても、その成長性は自社にとって魅力的か？

■ 図表30 法人マーケットと消費者マーケット

法人マーケットセグメンテンションの変数

変数(切り口)	セグメントの例	
産業	産業(製造業、建設業、運輸・通信業、サービス業など) 産業区分(自動車、鉄道、船舶、産業機械など)	業態(CVS、GMS、百貨店、ディスカウントストア、ホームセンター、通信販売など) 業種(酒販店、電器店、薬局、青果店など)
企業	企業規模(大、中小、小規模) 戦略的ポジショニング(リーダー、チャレンジャー、ニッチャー、フォロワー)	対象市場(ハイエンド、ローエンド) 競争戦略 (差別化、コストリーダーシップ) 地理的要素(所在地、国)
購買状況	状況(新規購買、修正再購買、単純再購買) 知識レベル(購買経験の多い少ない、技術サポートの必要性など)	関与レベル(購買対象の重要度、購買に対する逼迫性) 購買決定プロセスの段階(初期、後期など)
購買行動	ユーザーのステイタス(ユーザー、ノンユーザー) 購買量または購買頻度(大口、中口、小口など) 購買機能(一元化、分散化)	購買革新性ステージ (革新者、初期採用者、前期大衆、後期大衆、遅滞者) 購買単価(マージン)
購買センター	戦略(差別化、コストダウンなど) 決定基準(品質、価格、納期、技術、サービスなど) ロイヤリティ(絶対的肯定、相対的判断、絶対的否定)	リスク許容性(許容、忌避) 構成(国賠、技術、生産担当など) 規模・意思決定

出所:笠原英一著『戦略的産業財マーケティング』(東洋経済新報社)P47-49を一部編集

消費者マーケット　セグメンテーションの変数

変数(切り口)	セグメントの例	該当する商品例
地理的変数 地方 気候 人口密度	関東、関西など 南部、北部など 都市部、郊外、地方など	カップ麺(同じ商品名でもスープの味等を変える) 花粉症対策グッズ 都市部中心に展開: スターバックスコーヒー
人口動態変数 年齢 性別 家族構成 所得 職業	少年、若者、中年、高齢者など 男、女 既婚、未婚など 年収1000万円以上、300万円以下など 学生/会社員/自由業など	10代(特に女子高生)向け: 「シーブリーズ」資生堂 女性向け:グリーンスムージー 単身引っ越しパック 高級車:「ベンツ」メルセデスベンツ 個人事業主向け会計ソフト:「freee」
心理的変数 ライフスタイル パーソナリティ	環境・健康志向型、都市型など 新しもの好き、保守的など	電気自動車:「リーフ」日産自動車 雑誌:「モノ・マガジン」など
行動変数 求めるベネフィット 使用率	経済性、機能性、プレステージなど ヘビーユーザー、ノンユーザーなど	高級腕時計:ロレックス、フランクミュラーなど 化粧品のお試しセット

出所:グロービス経営大学院編著『グロービス　MBAマーケティング改訂4版』(ダイヤモンド社)P41

③Rival（競合状況）

多数の企業が参入して競争が激しくなることで、収益性を圧迫しないか？

④Rank／Ripple Effect（優先順位／波及効果）

選定した顧客層を自社にとっての重要度に応じてランク付けしているか？

⑤Reach（到達可能性）

選定した顧客層に働きかけて、製品やサービスを的確に届けられるか？

⑥Response（測定可能性）

選定した顧客層からの反応はどうか、また反応を分析することは可能か？

ここで、特に着目すべきは①および②である。

特に①は、企業規模によっても当然異なるし、企業と個人では更にまったく異なる。また②は、当該マーケットに参入する根拠を説明し、承認を得なければならない経営陣にとって重要だ。企業の株主は、何の策もなく、わざわざ成熟産業や衰退産業に新規参入しようとする経営陣の意思決定を喜ばないからである。

これに対して個人は、①の有効規模をより小さくとっても支障がないし、②に関しても利害関係者に説明し承認を求める必要がない。

だからこそ、より多くの変数を重ね合わせて、特定の「私の顧客」に対して圧倒的な価値を提供することができるのだ。

たとえば村上春樹氏（小説家）は、同氏が小説家になる前にピーター・キャットというジャズ喫茶を営んでいた。そして当時、「10人の客すべてに好かれる必要はないが、そのうちの1人には圧倒的に好かれる必要はある。そして、それで商売は成り立つ」と実感したそうだ。その実感は、その後の執筆活動の原点にもなったと述懐している。

では、このような発想で、いったん今いる場所に戻ってみてほしい。

そこは、**給料をもらいながら個人のキャリアやマーケティングについて考え、試行錯誤することができる、実にありがたい学び舎**なのである。

会社員が自分で気づいていない「5つの強み」

ちなみに会社員として、または個人として、日常の仕事を通じて当たり前のように、特に意識せずにこなせることは、その人物の強みであることが多い。

一方、そうであるが故に、自ら強みとして自覚できず、積極的には活かせずにいることも多い。たとえば次の5つの観点は、日本という成熟したマーケットにおいて提供し得る高度なサービスだが、あなたの日常業務に、これらの観点に相当するような当たり前の仕事はないだろうか。

①教えてあげる
②決めてあげる
③合わせてあげる
④試してあげる
⑤言ってあげる

①教えてあげるサービスは、スクーリング・ビジネスを思い浮かべてみてはどうだろう。今、巷では体験型のスクーリング・ビジネスが活況である。たとえば、筆者の知人が面白いパン教室に通っていると聞き、驚いたことがある。その教室では、パン作りに適した小麦を栽培するための畑をさがし求めるところから、体験を共有するそうだ。
より大きな潮流で言えば、1990年代にインターネットが爆発的に普及しはじめた当

時、多くの企業がEコマース事業に参入した。それは既存の小売業態に比べ、圧倒的に安価なオペレーションコストで、しかも24時間休むことなく開店しておけるという理由だ。そして、多くのドットコム企業が、このような24時間、365日いつでもどこでもという自動販売機をネット上に実現しようとしたのだ。

だが、このコンセプトを信奉したドットコム企業は生き残ることができなかったのである。それはなぜか？

確かに、ネット上の自動販売機は、既存の小売業態に対する（見かけ上の）差別化にはなったが、Eコマース事業を営むドットコム企業の間では、何の差別化要因にもならなかったからである。

そして、（見かけ上の）と書いたのには訳がある。消費者は、ネット検索を通じて簡単に商品を購入することができる、この触れ込みはかろうじてよしとしよう。だが、実際には多くの消費者が、肝心の実物をすぐには受け取ることができないという不便やストレスを甘受しなければならなかったのである。彼らは、流通上の制約を考慮していなかったのだ。

しかしながら、このような自動販売機を目指したEコマース事業と一線を画していたのが、アマゾンドットコムである。

それは、創業者のジェフ・ベゾス氏が、同社の中核価値を自動販売機というコンセプトにおいたのではなく、消費者の購買意思決定をサポートするということにおいたからだと筆者は考える。まさしく①教えてあげるビジネスである。実際、個人のキャリアにおいて、アマゾンのように巨額の投資を想定せずとも、①教えてあげるという観点で、自身のキャリアを棚卸してみてはどうだろうか。

次に②決めてあげるだが、ここでは「いわた書店」の「一万円選書」という独自のサービスを挙げておきたい。

いわた書店は、北海道札幌駅から電車で1時間ほどの距離にあるJR函館本線・砂川駅から徒歩3分の場所にある。NHK「プロフェッショナル 仕事の流儀」でも紹介された。サービス内容は、いわた書店の社長・岩田氏が、応募者を抽選して、その人となりが分かるアンケートに答えてもらい、その人に合ったおすすめの本を一万円分、氏が自ら選んでくれるというものだ。

また、食に関する決めてあげるサービスに「ミールキット」(お料理セット)がある。これはヨシケイやオイシックスなどが提供するもので、買い物や献立を考える手間、面倒くささを解消してくれるものである。たとえば、ヨシケイにミールキットを注文すると、カット済の野菜や肉、調味料が小分けにされて届けられる。その食材をもちいて、レシピ、調理時間、栄養成分の書かれたメニューを見ながら、ただ調理すればよいのだ。更に、今は最長1週間の献立を自動で作成してくれるアプリ「me：new」もある。

カスタマイズが当たり前になる時代

次に③合わせてあげるだが、これからのビジネスは、カスタマイズが当たり前になる。これは消費者の変化、消費の多様化、成熟化を受けてのことである。そして、これからのカスタムメイドは、CIY（Creation It Yourself：自分で創り出す）時代に入った。このような消費は、DIY（Do It Yourself）とも異なる。

DIYは完全カスタムメイドであり、時間と手間がかかりすぎる。それに対してCIYは選択の幅が広いセミオーダーメイドのようなものと考えてよいであろう。

このような形のカスタムメイドに先鞭をつけ成功させたのは、1984年に設立されたDELL社だ。創業者であるマイケル・デルがテキサス大学在学中に、たった1000ドルの資金ではじめた会社は、受注生産システムを採用したPC販売で瞬く間に世界最大級のテクノロジー企業となった。

また、2006年に創業したYouBar（ユーバー）にも注目したい。同社は「あなたのための完璧なプロテインバーを届けたい」という母と息子が創業し、規模を拡大しながら、消費者一人ひとりが求めるプロテインバーを製造販売している。

ここで、ＣＩＹの優れた点を会計の視点から挙げておく。

- 受注が確定してから生産を開始すればよく、キャッシュフローが自社に有利であること、また完成品在庫を持たなくてよいこと
- 選択の幅を企業の側でコントロールできるため、ＤＩＹと比べて製造を効率化、最適化しやすく、製造原価を低減することができること
- そのため、割高なコストを消費者に転嫁しなくてもよいこと　等

そして、かつては製品の売り手と買い手の間にあった情報の非対称性を解消しながら、企業が真の意味で消費者にあったコンサルティング（②決めてあげる）を提供することで付加価値を高めている。なぜなら、買い手も当該製品に関して相応の知識を有しているが、売り手はそれ以上に製品・サービスに関する知識を有し、買い手の購買意思決定をサポートすることが期待され求められるからだ。

専門知識以外に隠し持っている強みとは

次に④試してあげるだが、YouTuberの台頭により、広く知られるようになった。企業と直接利害関係のない専門家や著名人が、動画作品を公開することで、視聴者の消費を大きく動かす時代である。

最後に⑤言ってあげるだが、たとえば退職代行サービスなどが挙げられるだろう（図表31）。このサービスの活用は、社会人としてマナー違反という批判的な声もある。だが一方で、そうとは知らずに入社してしまったブラック企業などから、自力で離脱することが到底できない状況に追い込まれた際、士業など外部事業者が間に入ることで、事態を打開する手立てともなっているのである。

さて、このようにたとえば職業柄、自分はよく知っている、精通しているが、一般には知られていない、または誰か（専門家）の助けを借りなければ理解できないということは沢山ある。また、これまで顧客からオーダーを受けて、イチから作り込んでいた商品やサー

■ 図表31 退職代行利用者の実情

退職代行利用の経緯・退職理由（複数回答可）

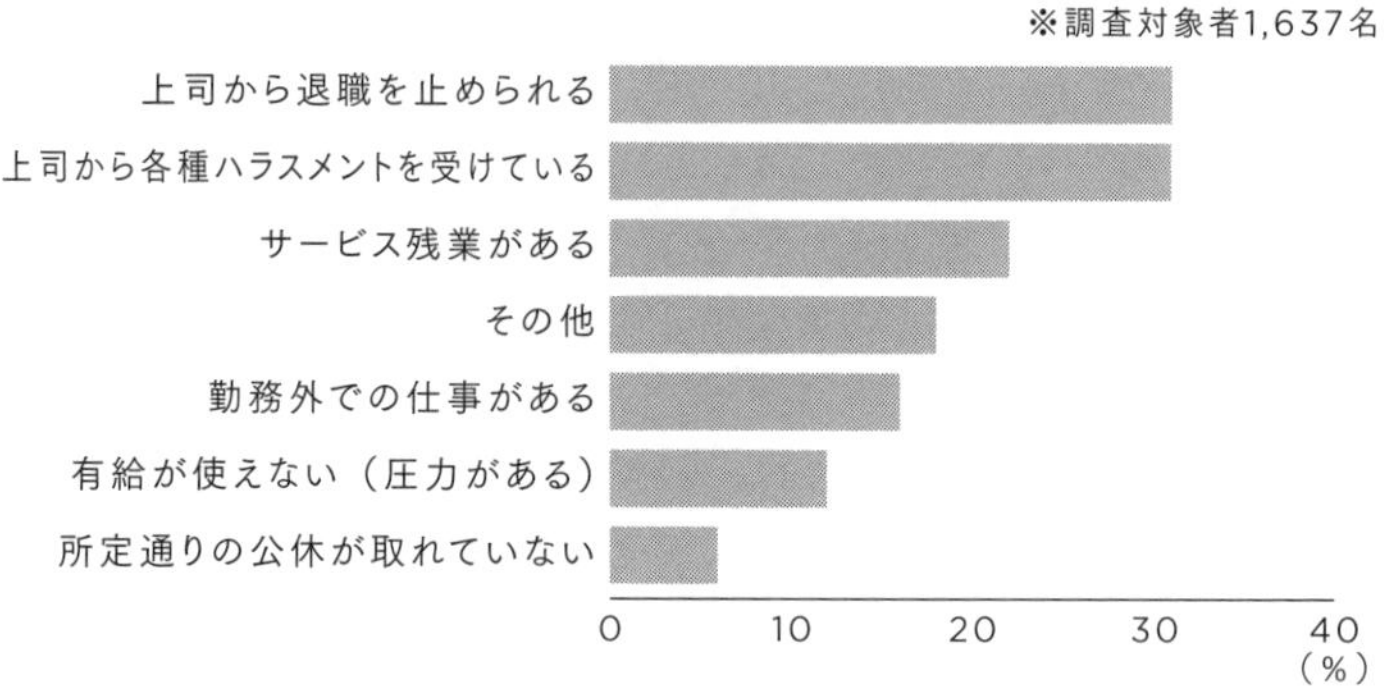

職種別利用者数（正社員）

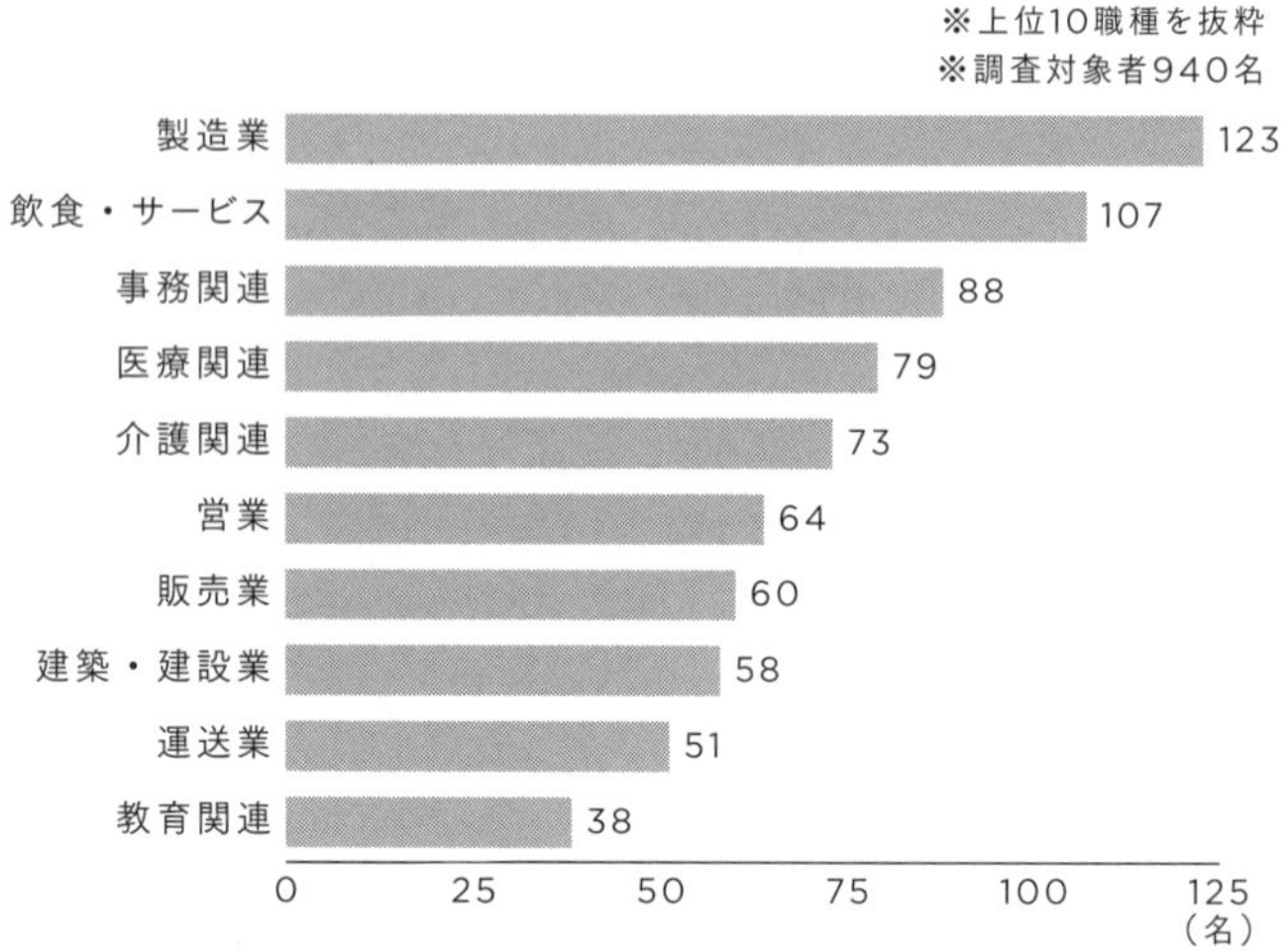

注：調査期間：2022年3月15日～2023年5月31日、調査対象：退職代行サービス「モームリ」の利用者。全国10代～60代男女、調査人数：1,637人
出所：株式会社アルバトロス「退職代行モームリ年間利用者1,637名分のデータ・利用された企業情報を公開」

ビスをモジュール化（個別の要望にも共通する汎用部分を予め準備しておくこと）することで、提供するスピードを圧倒的に早めたり、効率化したり、自分以外にできる人を増やしたりすることもできるだろう。

筆者の経験では、たとえば（人事コンサルタントが手がける人事評価制度の構築などを含めた）多くの「設計」業務において、カスタマイズの進化型を提供することができるだろう。そしてこれも、その道のキャリア人材にしかできないことだ。

他にも⑤言ってあげるなどは、士業の専門知識は勿論のこと、相応の高いコミュニケーション能力が、トラブルの渦中にある顧客の不安を解消し、安心させ、結果として高い満足をもたらす要素になることは間違いない。

したがって、⑤のようなサービスは、専門知識の活用を前提としつつ、競争優位の源泉が別のスキルにあることの好例である。そう考えた際、今、読者は自身を振り返り、会社員として、実は高いコミュニケーション力が求められるような仕事をしていないだろうか、ぜひ点検してみてほしい。

4章のまとめ

- 会社員はゼロを知らない。
  そのため起業すると同じ罠にはまりがちである。
- 事業に携わるのであれば、選択肢は起業だけではない。
  最近は「会社を買う」という選択肢も身近になってきっている。
- 地方の中小企業には、会社員にとって大きなチャンスが眠っていることが多い。
- 生涯食べていくために最も大事なことは「誰と付き合うか」である
- 5つの「あげる」には大きなビジネスチャンスが隠れていることがある。

5章

「会社を辞めて輝く人」と「辞めて行き詰まる人」

退職後、孤独に陥る元サラリーマンのつぶやき

鴻上尚史氏による「ほがらか人生相談」シリーズ、『鴻上尚史のもっとほがらか人生相談』（朝日新聞出版）に次のような相談が寄せられていた。

【相談2】隠居後、孤独で寂しくてたまらず、風呂に入っていると涙が出てきます

66歳・男性　有閑人

定年退職、嘱託を経て、今年から本格的に隠居生活に入った66歳です。隠居したら、今まであまり会っていなかった弟たち（弟が2人と妹が1人います）とも食事をしたり、妻とも旅行をしたり、のんびりしようと考えていました。しかし、いざ弟たちに連絡しても忙しいからと何度も断られました。ちょっとおかしいと思い、妹に連絡したら「お兄さん、気づいてないの？みんなお兄さんが煙たくて、距離とっているんだよ」と。寝耳に水でした。妹によれば、私が長男で母から優遇されすぎたし、弟たちの学歴や会社を

バカにしてたのが態度に出すぎてた、というのです。たしかに私は兄弟のなかでも学歴も会社も一番上で、母の自慢でした。弟たちをみて、不甲斐ないと思ったこともありましたが、それは私が努力したからです。弟たちにとって私は自慢の兄だろうと思ってきました。弟たちの不甲斐なさをちょっとからかったこともありましたが、兄弟のことです。

思い切って弟に直接電話してたしかめると「姉ちゃんに聞いたんならわかるだろう。兄貴と呑んでもえばった上司と話しているみたいで酔えんから」とつれない返事でした。結局、妻も「旅行は友達と行ったほうが楽しいから」と私と行こうとはしてくれません。

弟たちの僻みも、家族のためにと頑張って出世して養ってきた私に薄情な妻にも、許せないという気持ちでいっときは怒りでいっぱいになりました。妻が外出しようとしたとき、「食事ぐらい作ってからいけ」と怒鳴ってしまったこともあります。後悔して自己嫌悪になりましたが、後の始末です。妻とはさらに距離ができてしまいました。

誰にも言えませんが、最近、風呂に入っていると涙が出てきます。弟たちのことだけでなく、振り返ればとくに心を割って話せる友人もいないことに今さら気づきました。

どうやってこの後の人生を過ごしていいか、お恥ずかしいですが、孤独で、寂しくてたまりません。

いまさら、私はこれからのありあまる時間を、どうしたらいいのでしょうか。どうしたら、弟たちと仲良くできるのでしょうか。楽しい人づきあいのコツはなんなのか全くわかりません。解決法が浮かばず、途方に暮れています。

出典：『鴻上尚史のもっとほがらか人生相談』（鴻上尚史著、朝日新聞出版）P16〜18

鴻上氏は、この相談に対しても他の相談に対するのと同様、真摯に、また相談者に寄り添うように答えていた。ただ、筆者はこの相談者が、どこまでも「自分を正」、「周囲を誤」にしたいのだと読み取った。それを言葉の端々に感じた。そして、少なく見積もって近親者だけでも、ここに至るまで、どれだけ嫌な思いをして、それを押し殺して来た／押し殺させてきたのだろうかと。

残念ながら、このような人物が会社を辞めた後、どのようなかたちであれ活躍を期待することは難しい。会社員であった当時は、企業組織があり、組織を統率する階層構造があり、階層の上位にあれば、与えられた権限を権力と勘違いすることもできた。そして、その振る舞いに、苦言を呈する者などいなかった。だから、（極端な例を挙げれば）ハラスメントの何が悪い、というような勘違いにもつながった。

そして、筆者が現に対面する会社員の中にも、いまだにそのような人物が、チラホラではあるがいる。会社員の能力開発を支援するという職業柄、多くの人材が変わっていくさまを見てきた。その目撃情報から得た結論は、人は変わる気があれば変われる、だが変わる気がなければ、どんな手立てを講じても変わらない、ということだ。中には「お手並み拝見、一丁おいらに御託を並べてみろよ」というような輩もいる。

そんな輩の人生にも乾杯。だがこれ以上、加害者が被害者面をして、人に迷惑はかけるなよと言いたい。

しかしながら、切ないことに（少なくとも文面を拝読する限りにおいて）、先の相談者のように、本人には甘えはあるけれど自覚はないのかもしれない。

会社員にとって「昭和」とはどういう時代だったか

ここでは、いまどきの若手社員に嫌われる「昭和だよね」のなにが「昭和」なのかについて考えてみたい。先ずは「会社員にとって『昭和』とはどういう時代だったのか？」について概観する。

年表でみれば、大正最後の年となる大正15（1926）年の年末、大正天皇が崩御され改元、「昭和」という時代が始まった。そして、昭和20（1945）年に第二次世界大戦は終結し、日本は敗戦国となる。以降、日本は経済活動において躍進を遂げ、昭和64（1989）年の年明けに昭和天皇が崩御し、「昭和」という時代は終わった。

我々は時代の移り変わりを目撃する者である。そして、やはり昭和の分岐点は昭和20年、第二次世界大戦の終結だろう。

そして会社員、いわゆるサラリーマン（あえてこの言葉を使う）の働き方は、昭和20年以降に作られたものだ。それ以前には、職工制度という江戸時代の差別ではないが、学歴により働き手の人事労務管理全般を「区別」していた。職員と工員では、労働環境に雲泥の差があり、特に工員は低賃金で過酷な労働を強いられ、そして職員に比べてはるかに貧しかった。

だが、くしくも戦争というものが、職員と工員の区別を国民に一括りし、貧しさと飢えの渦中に放り込んだのである。そして昭和20年を迎えた。

戦後、日本が復興するために、先ずは基幹産業から多くの人手が必要となったのだが、では当の働き手が求めたものは何か。

それは、司馬遼太郎著『坂の上の雲』ではないが、当時の経営者、労働者、組合執行部は「青空の見える労務管理」という、「誰もが日本人の勤勉さ、真面目さを頼りに一生懸命働けば豊かになれる、豊かになろう」というこの言葉に収斂される。日本人は、この言葉に共感し、励みにし、団結した。

そして、見上げればそこに希望や期待が見いだせるような、どこまでも広く澄みわたる青空など、到底望むべくもない状況において、日本企業は「終身雇用制度」「年功序列型賃金」「企業内組合」という人事労務管理を考え、選択したのである。

これらの制度は、「とにかく共に貧しさや飢えから脱したい」「相応の暮らしを立てられるようにしたい」という願いから企業と労働組合、そしてそこで働く社員が「協調」して導入、定着させたものだ。そして、日本と日本企業は、高度経済成長という後にも先にもないような上昇気流に乗った。

だが、膨張した風船はいつか萎む。

1991年にバブルがはじけて以降、日本経済は長きにわたり低迷し、失われた30年と言われてきた。そして、その30年と並走するように、ゆとり教育が導入され、就職氷河期世代がうまれ、企業はそれまでの年功序列型賃金を捨てて、成果主義型賃金を導入した。

この企業が定義した成果に応じて処遇するシステムは、それまでの生活給や賃金カーブなどを過去の産物とし、たとえば40歳前後で課長になれなければ、以後定年退職するまで給料が上がらなくなったのである。また、企業によっては、高止まった総額人件費を乱暴に、強引に引き下げる狙いで、この制度を導入した。この制度が多くの企業で導入された2000年前後を振り返れば、たとえば新制度説明会において、憤り、不満、不安にかられた社員から、罵声を浴びせられたことがあった。

成果主義導入がうまく機能しなかった理由

またその一方で、一部に成果主義をとり入れながらも、やはり年功型の処遇を維持した企業も数多くあった。

これには、制度設計の中心にあるコンセプト、たとえば成果や能力というものに対する誤解も、どうやら介在したようだ。

そもそもの話になるが、「成果」とは「結果」ではない。しかしながら、成果主義導入の黎明期には、成果を結果と捉えてしまうことで「では、結果さえ出しておけば、他はどうでもいいのだな」というメッセージを、(図らずも)制度が組織や社員に発信してしまった。その結果、社員の協業や連携、挑戦やチャレンジ、そしてコンプライアンスなどの観点から躓いた企業もあった。

ちなみに**成果とは、「能力＋結果」**のことを指す。つまり、**成果とは企業が求める能力を用いて結果を出すこと**なのである。

そして能力についても、成果主義導入の一環として、それまで多くの企業が採用してきた保有能力（職能資格等級制度における職務遂行能力、いわゆる職能）を否定し、発揮能力（結果につながり、かつ再現性のある行動や思考。人事用語ではコンピテンシーという）に当時、多くの企業が飛びついた。

だが、そもそも能力とは、なすべき仕事と厳密に結びついたときにはじめて適正に評価し得るものである。実際、成果主義の導入に際して否定された職能の開発者も、「厳密な職務分析を通じて抽出された能力のことを職能という」と言っている。

しかしながら、日本企業において定義する能力の多くは、社内の資格等級を区分するための、なすべき職務とは厳密には対応しない、あくまでも社内における認定資格である。つまり、その認定能力資格等級は、組織構造やなすべき仕事のかたまりと一致していないのだ。

たとえば社内に部長、課長、係長、主任に対応する社内等級があるとして、このくらいシンプルであれば、それぞれが成すべき仕事の違いとこれに対応する能力の違いを明確にすることができる。しかしながら、部長と課長の間に次長というポストがあり、課長と係長の間に課長補佐というポストがあって……と等級の数が増えていくと、一体そのポストはどんなかたまりや纏まりの仕事をするのだろう、課長補佐と係長の違いはなんだろう、ということになる。

そして、そのように曖昧なポストに対応する能力を、資格等級として定義するのであるから、仕事で結果を出すための能力要件からますます乖離していくことは否めない。

なぜ「働かないオジサン」は量産されたのか

また日本企業は長く、職種によって処遇に差を設けてこなかった。本来であれば、どの職種も労働市場における需給関係によって、価値や報酬が変わるはずである。だが、日本企業でそれをやってしまうと、新卒一括採用後の配属決定や職種間の人事異動を、企業側の裁量で行うことができなくなってしまう。それでは日本企業特有のメンバーシップ型雇用は成立もしないし、維持もできない。

そして、そうなると、**人事はどの職種にも共通して求められる能力を重視するようになり、結果ますます仕事で結果を出すための能力要件を定義し、認定することから遠ざかっ**

ていくのだ。

そして、**社内の昇格試験などで「認定」された能力というものは**（**仕事で結果を出すことと、は、あまり関係がないとしても**）、**急に発揮できなくなったり、無くなってしまったりということは先ず考えられない**。

だから、能力というものを昇降格の要件とした場合、一度昇格した人材を降格させることは、感情ではなく論理として難しいのだ。それがたとえば書籍のタイトルになるような、「働かないオジサン」を多く輩出する結果になったとしても――。

そしてもう一つ。これも多くの日本企業が採用する複線型人事についても触れておこう。

高度経済成長を経て、日本と多くの日本企業は低成長時代に突入した。成長が鈍化するということは、企業の売上が伸びない、既存の組織が大きくならない、新規の組織も立ち上がらない、社員数も増えないということを指す。そうすると組織を管理する、いわゆるライン長という役職の数は、当然ながらせいぜい現状維持か、もしくは減っていく基調になった。

そこにきて更に、能力という認定基準によりライン長になった管理職が、能力においてその職を解かれることもない。その一方で、毎年昇格要件を満たした人材がポストの空きを今か今かと待ちわびている。ポストもないのに、「そろそろうちの人材を、上にあげてくれないか」と人事部が部門長などから、突き上げられることを昇格圧力というが、このような状況に対応すべく考え出されたのが役職定年制度と複線型人事だ。

役職定年は年齢によりバッサリ役職を解くという制度であり、複線型人事は、昇格して部長や課長などライン長になる出世コースと、専門職として活躍するコースを分ける仕組みだ。ライン長というポストは企業の組織に対応するものであり、勝手にポストを増やすことはできないが、専門職は専門性というものの定義次第で、いくらでも内部昇格させることができる。ちなみに、そのような専門職人材は、対外的にはライン部長と同格の担当部長や、ライン課長と同格の担当課長などと呼ばれることが多い。

そして、このような複線型人事にも変遷がある。複線型人事が考え出された当初、専門職とは率直に言えば「ライン長にはなれなかった人材」という位置づけであり、ライン長と概ね同じように処遇される専門性というものを、厳密に求められることはなかった。ただ、給料は上がるため、それが働かないオジサン、オバサンのうま味となり、役職（重要なポスト）が与えられない彼ら、彼女らのプライドをも満たしてきた。

だが、現在に至るまでに、単に「ライン長にはなれなかった人材」を専門職として処遇し続けることが、当該企業のグローバル市場競争力という観点からも、また総額人件費を適正に管理して配分するという観点からもできなくなった。

このような背に腹は変えられぬ問題を解決すべく、企業は厳格に再定義した「専門性」というものを満たさない人材を、管理職（相当）にはしないと決め、それを制度で担保したのである。

これは、たとえば野球というスポーツ競技において、「ベンチを温めるだけの高額報酬選手はいらない」というメッセージに他ならない。

若手社員に嫌われる「昭和だよね」の本質

このように、昭和20年以降の時代を、主に人事労務管理の観点から描いて分かることは、**日本企業に勤める会社員のこれまで当たり前だった働き方は、ある意味で国策や会社内の事情とともに形成されてきたものだ**ということである。

そして、日本人がその性質として保持する集団主義的発想や行動と、国策などが結びついたときに、それはある種の抗しがたいムードへと変わり、個人への強要へと変わる。これこそがいまどきの若手社員に嫌われる「昭和だよね」の本質なのではないだろうか。

しかしながら、だからと言って、集団主義と「昭和だよね」がそのまま結びつくわけではないし、ましてや「和を以て貴しとなす」と「昭和だよね」が結びつくわけでもない。また本来であれば、たとえば経済を立て直し、発展させるために実行された国の政策などは、**時限立法のように有効期間を定め、期間を過ぎたら見直す、もしくは改廃して然るべきものなのだ。**

たとえば戦後、国に金がなければ国民に貯金を奨励するし、金を借りて家を買う「いつかはマイホーム」というような、それまで日本人になじみのなかった消費や暮らしが奨励されてきた。そんな日本も2040年頃には3軒に1軒が空き家になる。また、生活の自立を謳うべく、それまでの預貯金から投資を奨励したりもしている。**要はそもそも当たり前など、どこにも存在してこなかった**ということだ。

他にも、コロナの最中に起こった様々な事件は、マスメディアの怖さ、メディアが誘発する同調圧力の怖さ、どこかで言われていることを鵜呑みにすることの怖さなど、様々な恐怖を我々に突き付けた。そして、これらは我々に2つの教訓を残した。幻想や恐怖と闘うすべと言ってもよいかもしれない。

我々一人ひとりが、先ずは国家や企業から自律し、自助の精神をもって生きていくこと
多元社会の中で、信頼できる、自分の生きがいにかなった仲間や共同体を見つけること

我々は、この教訓を頭の片隅におきながら、副業や兼業の解禁および奨励、週休3日制の導入、テレワークなど自由な働き方の推進、リスキリングなどを受け止め、自身のキャリア形成に活かしていく必要があるのだ。

「会社から認められていない」と感じても気に病む必要はない、と言い切れる理由

先にも触れたが、企業の人事制度というものは、環境の変化を受けて改定されるものである。そして当該制度は、役割や能力というモノを評価や処遇の対象とするが、特に能力を扱う際には注意が必要だ。

なぜなら、能力というものは、多くの前提条件を満たした上で、はじめて発揮できるものであり、前提条件が変われば当然だが、それまで有能だった人材が平気で無能にもなり得る。また、上司や周囲との相性によって、パフォーマンスが大きく変わることも、多くの人材が経験済みだ。更に、ある分野で能力を高めるということは、他の分野で活躍することを諦めることに他ならない。

したがって、**仮にある業界の、ある会社の、ある職種の会社員として能力を発揮できなかったとしても、それは無能なのではなく、適性がないというだけ**なのだ。

たとえば企業組織において、選抜という観点で言えば、人材の見極めは概ね30代で決着がつく。そして、そのようなシステムにおいて、自分が会社から認められていない、評価されていないと感じて憤るか、落ち込むかする社員も相応にいるだろう。

だが、生涯キャリアを全うするという長期的、戦略的展望に立てば、気に病むことなど何もない。

ただ、その職業には、それほど向いていなかったと分かっただけだ。

そして、適性に恵まれていないことを、（もっと言えば）相性が悪いことを自覚したならば、決してしがみつかずに手放すこと、そこから離れることをお勧めする。

キャリアに一貫性がないことは問題なのか

また、たとえば自分のキャリアに一貫性がないと悩む読者には『きみの人生に作戦名を。』（梅田悟司著、日本経済新聞出版）をお勧めする。

ちなみに著者の梅田氏は、このような人物だ。

人生を振り返ってみると、自分でも呆れるほどにやっていることに一貫性がなく、何も長続きしなかったことを告白する。

習い事や塾に通いはじめても、続かないから身につかない。部活に入っても即幽霊部員化。獣医師に憧れるものの大学受験に失敗。仮面浪人をするも結果は変わらず挫折。バンド活動の延長線上でレコード会社の起業と経営。生体材料の研究から、広告制作の道へと鞍替え。育休取得と家事への専念。ベンチャー支援、起業家養成。

やっていることに何の一貫性もなく、何をしているかよくわからない人である。完全に迷走していると思われても仕方ない。

出典:『きみの人生に作戦名を。』(梅田悟司著、日本経済新聞出版) P3~4

だが、筆者・新井も振り返れば、かなり迷走してきたという自負がある。

部活は野球部、演劇部。高校卒業後、受験予備校にも通わず、人生に迷い畳屋でバイト。一念発起して入った大学の学科は政治。就職氷河期に選択肢のない中、重機械メーカーに入社、人事部配属。転職して人事・業務改善コンサルタント。監査法人グループの会計・

ファイナンス兼コンプライアンス担当講師。医療系ベンチャー企業の役員を経て独立。経営コンサルタント、セミナー講師等。

同じく、やっていることに何の一貫性もなく、まさしく迷走している人である。

では梅田氏は、この一貫性のなさをどのように捉えているだろうか。

「やってきたことの一貫性」と「信念の一貫性」は別物である。

やってきたことはバラバラかもしれないが、意志や興味に従って行動を起こしてきた。

だからこそ、私は私のことを、やってきたことの一貫性ではなく、信念の一貫性で評価することにしよう。

出典：『きみの人生に作戦名を。』（梅田悟司著、日本経済新聞出版）P4～5

筆者は、梅田氏の見解に大いに賛同する。人は誰しも人生に生きがい（生きる目的）を求めるとするならば、それは、対象は何であれ、その何かを正しいと堅く信じて疑わない気持ち、すなわち信念からうまれ、発するものだと思う。

したがって、人は誰しも（多くの場合、無自覚に）信念を最重要視して行動するだろうから、**やってきたことの一貫性ではなく、信念の一貫性で評価すること**は極めて重要な意味をもつ。

それは私が「私にとっての生きがいとは何か」を自覚することに他ならないからだ。

その上で、自覚した信念に基づく態度や行動にかなった仕事を我が仕事にするか、今ある仕事を組み合わせたり、仕立て直したりするか、今そのような仕事がこの世に存在しないのであれば、そのような仕事を創ってしまえばよい。

これにより、生きがいと仕事は、その追求において一致していく。


私は、喜多川さんにとって「本当に葱を背負った鴨だったのかもしれない」とじわじわ実感し出したのは、やはり彼女さんから受ける仕事の依頼が順調に（といってよいのか分からないが）増えたからだ。

そんなある日のこと。彼女は出版社から依頼を受け、かつて彼女の勉強会に参加し、卒業していった人物とオンライン対談することになった。彼女はインタビュイーに対して5つほど質問を用意していた。

①会社員だった頃のキャリアの悩み

私は今、37歳です。新卒で入社した会社では、(自分で言うのもなんですが)着実に業務をこなしながら、レベルアップしている感覚はありました。ですが「会社の常識」にとらわれて、自分の力は外で通用するのか、外でも活躍できるのか、家族を養える力になっているのかが、分からなくなっていました。

「会社の常識」というのは、同期や先輩と「あいつはマネジャーになれなかった」、「あいつは昇格に必要な研修に呼ばれなかった」、「あいつは配属先で失敗した」、一方で「あいつはピカピカのキャリアだ」など周りの昇進昇格、それにまつわる噂話ばかりしているということです。

②キャリア・チェンジを考えるにいたったきっかけ

最終的に会社を辞めたのは、上司による強烈なパワハラが原因です。入社してから7年が経つ頃でした。そのときは、パワハラから自分の身体と心、そして家族を守ることを最優先に考えましたね。それに、パワハラを受け入れてまで同じ会社に勤め続けるほどの執着心はなかったし、そこまでの価値を見いだせませんでした。またそこに踏みとどまることによって――、郷に入っては郷に従えではないですが、今後いつか自分が自分の部下にパワハラをしないとも限らない、ミイラ取りがミイラになるようなことは避けたかったんです。

③キャリア・チェンジするまでの葛藤、ためらい

転職の意思を固めてから、実際に転職先が決まるまで、時間はかかりました。その理由には、前職と給与水準が合う先がなかなか見つからなかったこともあります。キャリアをチェンジする際の葛藤、ためらい、その原因のひとつはやはりお金ですね。

④キャリア・チェンジして今思うこと

自分はラッキーだったと思います。ただ、その一方でラッキーを引き寄せたのは、大企業で働いてきた経験であるとも感じます。大企業の会社員として求められてきたのは、「相手の期待を見極めること、期待値をある程度でもコントロールすること、そして期待に最低でも80点で答えられること」だと私は思います。

⑤今、かつての自分と同じような悩みを抱えている会社員がいるとして、彼ら、彼女らに伝えたいこと

今、私は、自分自身のキャリアを自分のこの手に取り戻したような感覚でいます。私は

私と同じようなキャリアを他の誰にもお勧めするわけではありません。ただ私がお伝えしたいのは、「誰もが自分を、そして自分が大切にしている人を他の何よりも、誰よりも一番に尊重すべきだ」ということです。

インタビュー終了後、彼は転職した中堅企業の人事課長として、喜多川さんに依頼したい仕事の話を持ちかけていた。

「俺に付いて来い」と言って消えて行った人々

これから会社員は、「同じ会社で引き続き会社員」「会社員をしながら副業および兼業」「転職」「独立起業」「フリーランス」など様々なオプションから自分のキャリアを選び取る時代を生きていく。

その過程で信頼できる仲間や共同体を見つけることになるのだが、そこには当然、仕事のやり取り（仕事をお願いする、お願いされる）が介在する。

たとえば多くの会社員が、どこかで一度は経験するであろうキャリアの棚卸し作業、これは常に、仕事をお願いされることを想定した取り組みである。

しかしながら、同じ棚卸しでも、**自分の判断や裁量だけで、誰かにお願いできる仕事の棚卸し**をしたことがある会社員はどれだけいるだろうか。

どの人間関係でもそうであろうが、キャリアを共に生きていくという関係も、勿論ギブアンドテイクが基本である。したがって、この辺りをうまくやれるか否かで、会社員から会社員（転職）以外のキャリア・チェンジについて、その成否が別れるのだが、この辺りについて勘違いしてしまう会社員もいる。

大企業で相応の役職を務めた会社員の中には、「自分が独立したら、これまでの取引関係を大いに利用して、みんなに仕事を回してやる」と、俺に付いて来いと言わんばかりに大きな話をして、その場を大いに盛り上げてくれる人物もいる。

ただし、そのような人物が独立起業してうまく行くかというと、必ずしもそうではない。いつの間にか、元気のよかったその人物の名前すら聞かなくなることもよくある。

「その辺り」をわきまえている人の8つの振る舞い

そこで、先にも述べたこの辺りを上手くやってのける人物の考え方を、筆者なりに慮ってみた。

①あくまで「仕事」とわきまえている。
②大言壮語には乗らない付き合わない。
③自分にできないことは引き受けない。
④常に仕事は回すものだと考えている。
⑤常に人物の性質を見極めようとする。
⑥親切だが押し付け押し売りはしない。
⑦人脈を自ら積極的に作ろうとしない。
⑧目先の利益より信用取引を優先する。

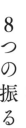

まず「①あくまで『仕事』とわきまえている。」であるが、彼らは会社員が誰かに仕事を頼むように、もしくは発注するようにあなたに仕事を依頼する。そこに変な恭《うやうや》しさや慇懃無礼な態度は微塵もない。勿論、仕事を出してやっているなどという、尊大な態度をとることもない。むしろ仕事を受けてくれてありがとう、という態度をとる。また多くの場合、案件の仕様なども、事前に押さえてから話を持ってきてくれるので、受ける側も安心して話を聞くことができるし、顧客に基本的な取引内容を確認しなければならないような二度手間もない。

次に「②大言壮語には乗らない付き合わない。」であるが、彼らは雲をつかむような話を嫌う。そんな話に振り舞わされる暇があったら、ほかの仕事をしたほうが金になることを知っているからだ。まさにタイムイズマネーである。一方でその辺りが分からない人物は、壮大な儲け話で人を振り回すだけ振り回し、遂には本人が疲弊し、人も離れていく結果となる。

次に「③自分にできないことは引き受けない。」であるが、**彼らはとにかく顧客や取引先に迷惑をかけることを嫌う**。したがって、自分にできないことを引き受けようとはしないし、どんなに実入りがよさそうでもきっぱりと断る。これを、たとえば独立起業当初から徹底していた。

ただし、この徹底は難しい。なぜなら起業当初はとにかく売上をたてるために、仕事が欲しいからだ。その「欲しい」のために、何でもかんでも仕事を引き受け、結果としてうまくいかず、顧客や取引先の信用を失っていく。

ちなみに、一歩踏み込んでその辺りが分かる人物は、顧客や取引先の要望にかなった同業者を紹介してくれる。結果として、顧客や取引先の信頼は高まり、更には仕事を紹介した同業者からも、新たな仕事が舞い込むようになる。

次に「④常に仕事は回すものだと考えている。」であるが、③とも関連して自分ですべての仕事をこなせるとは、はじめから考えていない。

だが、副業であれ兼業であれ、もしくは独立起業であれ、この発想にもとづいて仕事を受ける人物は実に少ない。これは会社員以外の仕事を引き受けた途端に、自分のさばき方次第で実入りが変わるからかもしれない。だが、仮に自分だけで完結できてしまう仕事であっても、誰かに振るメリットを感じた場合には、自分の実入りを削っても仕事を回すと、それは後々自分に返ってくるのだ。

次に「⑤常に人物の性質を見極めようとする。」であるが、③と④でも解説したように、彼らは常に自分にできないことができる人、そして仕事を回せる相手を探している。しかしながら、顧客や取引先に失礼があってはならない、（少なくとも平均点以上に）満足してもらいたいとも考えている。

したがって、先の喜多川さんが重要視したように「心得」に賛同してもらえるか、顧客や取引先との相性はどうかなどということも、さりげなく見極めようとしている。そのため、喜多川さんのような人物から受ける依頼は、受ける側も受けやすく、取引関係者すべての満足度も高い（反対に、経験則からこの人物からの依頼は――×と思うものもあるということだ）。

次に「⑥親切だが押し付け押し売りはしない。」であるが、彼らは常に顧客や取引先、仲間の長期的な利益を考えている。だから顧客にも「それは御社のためになりますか、本当に必要ですか」、取引先にも「それはお客様のためになりますか」と話して、ビジネスパートナーの更なる熟考を促す。彼らは自身のその姿勢が、顧客や取引先の「信頼」につながることを知っている。ただし、自らの見立てで「これはできる」「この人物であればできる」と判断すれば、喜多川さんが上倉さんにそうしたように、（半ば強引に）仕事の依頼を持ちかけることはある。

次に「⑦人脈を自ら積極的に作ろうとしない。」であるが、彼らはわざわざ異業種交流会のような場に出かけていくことはせず、仕事をしながら交流する人々を観察し、そして声をかける。仕事をしながらだから、その人の仕事ぶり、仕事に向かう際の心構えがよく分かるのだ。なかには、先ずは友人として付き合ってみて、それから人により、はじめて仕事の話を持ちかけるという人物もいた。

最後に「⑧目先の利益より信用取引を優先する。」であるが、彼らのもとには多くの儲け話が持ち込まれる。それは金銭による利益もあれば、うちの会社の役員をやってくれないかというようなステイタスによる利益もある。だが、中にはそのような儲け話に安易に飛びついて、周囲の信用を失った者もいる。彼らは親切であるが、相手を見切るのも早い。

多くの場合、これら8つは仕事のできる会社員であれば、誰もが当たり前に実践していることだ。

喜多川さんは、上倉さんにこう言った。

「親族に商売人がいないので、勿論、商売経験がゼロだった私が、これまでやってこられたのは、**『自分のお金と判断で、会社員をやってきたからだと思います』**」

仕事は、特別なイベントなどではない。

それを会社員は一番よく分かっているのかもしれない。

「考えるな、感じろ！」とキャリアの関係

喜多川さんが、出版社から依頼を受け、オンライン対談することになった。彼女は2人目の人物である。

①会社員だった頃のキャリアの悩み

私はもともと研究職になりたかったのですが、先ずは世間を知りたいと思い「建設」という業界に飛び込みました。そして、思っていた以上にこの業界が性に合っていたようで、まだまだ数少ない女性ながら、その会社で相応のキャリアを積んできました。一方で、一定の勤続年数が経過してから気づくのは、「キャリアは会社により築かれる」という事実です。

私は幸運にも、人事異動を命じられる際には都度、自身の希望を尊重してもらったという感覚があります。ですが、それでも100％ではありませんし、同僚や先輩を見る限り、

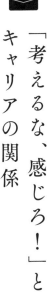

おそらく大半が、「会社の都合で動かされている」と捉えているでしょう。

つまり、自分の意思でキャリアが築けていない、築くことができない。したがって、自分が描いた未来、将来ではないという不満や諦めを、会社員である以上、多かれ少なかれもつことになり、結果、昇進・昇格や報酬だけがやりがい、生きがいになっていきました。ですが、それはあくまで地位や報酬に対する満足度が高くなるだけで、自分自身のキャリアを充実させているという感覚が得られず、それが悩みでした。

②キャリア・チェンジを考えるに至ったきっかけ

入社してしばらくは、会社の論理や都合も詳しく理解していませんでしたし、また組織で活躍すれば、自身の思い通りに配属先を選べると思っている面もありました。ですから、自分のキャリアや働き方に、疑問をもつことも少なかったように思います。

それが40歳前後になり、社会全体の仕組みや会社の人事システムが分かってきて、キャリアに関する認識も変わりました。

少なくとも一定程度は、会社の都合でキャリアが築かれ、組織の中で、自分の描いた未来や将来を、思い通りにデザインするには限界がある。

それは、たとえば会社のエースでもそうですし、そうでなければなおさらだと思います。また仮にエースであったとしても、50歳後半には役職定年となり、本人の実力とは無関係に、それまで担ってきた役割と責任、また役割に伴う報酬が一律に引き下げられることも分かるようになりました。一時、人事部で働いていたので、「あの先輩も、この上司も——」と余計に実感したのだと思います。

そして、このような会社のシステムを自分に当てはめたとき、たとえば役職定年になった後、自分の思い描くその先の道はあるのか、一度きりの人生、自身の思い描く将来にチャレンジできるのは、まだ知力や体力のある40代ではないのか、と考えるようになりました。

これが、キャリア・チェンジを考えはじめたキッカケです。

私の場合は、あれこれ迷いながらキャリアコンサルタントの資格を取得してみようと勉強していたときに、その後のビジネスパートナーとなる、よき先導者や仲間と出会えました。

この出会いは私にとってなにより幸運なことで、その後は人事のキャリアでスペシャリスト職に就くなど、割とスムーズにキャリアをチェンジすることができました（ですが、このよき先導者や仲間に出会えなかったら、引き続きキャリア・チェンジは考えたものの、今現在それを実現できているかは分かりません）。

④キャリア・チェンジをするまでの葛藤。ためらい

会社員として、キャリアを築く過程でその弊害について気づくものの、一方で「新たなキャリアは、本当に自分の望むものなのか」「自分に適性はあるのか」、そしてその先に「そのキャリアで、満足する報酬が得られるのか」という疑問は常に抱えることになります。その打開策として、副業などは有効な選択肢だと感じますね。

④キャリア・チェンジして今思うこと

自分のキャリアを自分で決めている、そうありたいと思う方向に進んでいる、キャリアをつくっているという実感は、何物にも代え難いものだし、生きている意味や充実感を得られると思います。一方で仮に「キャリア・チェンジ」したとしても、単純に勤務先を変えるような「転職」では、その感覚は得られない可能性もあるため、どの会社に属するかではなく、自分の満足するキャリアとは、どういうキャリアなのか、どういう状態なのかということをライフスタイルなども含めてトコトン考えることが、重要ではないかと感じ

ます。

⑤今、かつて自分と同じような悩みを抱えている会社員に対して伝えたいこと

私は、会社員が悪いとは決して思わないし、組織でマネジメントをしたり、昇進・昇格したりすることが、最大のモチベーションになる人材も一定数いると思われるので、それを否定する気はまったくありません。ただ、「自分が本来、何をしたいのか、何をやりたいのか、何によって満足・充実感を得られるのか」は真剣に考えるべきだと思うし、今は「自分らしく働くということ」を追求しやすく、またあわせて相応の収入も得られる時代になってきていると感じます。是非、自分を諦めることなく、自分の満足できる人生を思い浮かべ、歩んでいただきたいと願うとともに、人事の専門職としてお悩みに寄り添いたい、発信していきたいと思っています。

本書小説の登場人物・喜多川さんが、出版社からの依頼でオンライン対談したインタビュイーは、いずれもコロナ禍に筆者が出会った人物をもとに描いている。

筆者は、彼らが大きな葛藤や迷いの中で、自分のキャリアを切り開いてきたことを知っ

ている。特に、新卒で建設業界に飛び込んだ彼女の場合、家族と話し合わなければならないこと、解決しなければならないことも沢山あった。そんな彼女が、自身の望むようにキャリア・チェンジできたのは、先達や仲間に恵まれたことも勿論あったが、単にそれだけでもないだろう。

彼女の話にはよく「――を感じる」という言葉が出てくるように、自分がどうしたい、どうありたいかを、自分で感じようとする、感じ取ることができる人物だったことも、要因としては大きいのではないか。

会社員には、ある程度理性や論理による思考が求められる。だが、それは多くの場合、周囲に対して説明責任を果たすためにある。

一方で、理性や論理が勝ち過ぎると、自分の気持ちに対する寄り添いや、理解が疎《おろそ》かになる。要は、自分の気持ちや本音が分からなくなるのだ。

個人の生涯キャリアが、生きがい（生きる目的）と確かに結びついているためには、先ずは自分の気持ちや本音からくる正直な意思に、忠実である必要がある。

いつ辞めてもいい状態で辞めない人は強い

結局まだ辞表は受理されず、私は副業をしながら会社員を続けていた。副業の収入は、生活を支えるという意味ではまだまだ少なかったが、ただ、気持ちはずいぶん楽になった。

振り返れば、私は新卒で社会人になり、就職した会社というコミュニティーと長く、そして密に交流を保ってきた。そしていつの間にか、そのひとつのコミュニティーとつながっている私が、私のほとんどになっていたのだ。

「つらい」「きつい」「はきそうだ」「もうやめよう」、こんな思いを私はどれだけ飲み込んできただろう。どうやら私は、私にずいぶんとつらい思いをさせてきたようだと、今、感じることができる。それは、副業でかかわる人物とのやり取りを通じて、私のモノの見方が変わったこともあるだろう。自分の置かれている状況や経験を、絶対的なものとしてではなく、相対的に捉えることができるようになったことは、私の気持ちをずいぶんと軽く、そして前向きにした。

絶対的：これしかない、ここしかない　⬇　相対的：こんなこともある、別もある

またやはり、他で稼げるようになったという自信も大きいだろう。今は有給休暇を取得して、もしくは週末に副業として講師業を営むことしかできないが、何日稼働すればどれくらい収入が入るという単純計算ができるようになったし、この稼業で生きていくすべも理解しつつあった。そして何より大きいのは、喜多川さんや喜多川さんが主宰する勉強会で知り合った仲間の存在だ。私は彼らと出会うまで、社会人になってから真の友達はできないと思っていたし、実際彼らが友達かと言われれば定かではない。しょっちゅう会っておしゃべりするような間柄でもない。また「心得」が守れず疎遠になったメンバーもいる。

あるとき、喜多川さんは、かつて会社員をしていた彼女が受けた精神的攻撃や過小な要求など、強烈なパワハラ経験談を話してくれた。そしてこう付け加えた。彼女は、経済誌や人材教育専門誌にコラムを連載したりしているので、ならではの発言でもある。

「どんな経験も、経験談は全部ネタ。そのままは話せないし、書いたりできないけど」

会社員という職業につく者は、程度の差こそあれ同じような経験をしているものだが、日本企業に就社した会社員にとって、多くの経験が自身だけのもの、もしくはうちの会社だけのものになりがちだ。

だが、**誰かの経験は絶対に別の誰かの役に立つ。**

人生、準備ばかりしていても仕方がない、勿体ないと思うが、それでも準備万端なほうがよい。だから、「いつ辞めてもいい」状態で「辞めない」人は強いと思う。

5章のまとめ

- 今の会社で能力を発揮できなかったとしても、それは無能なのではなく、適性がないというだけである。しがみつかずに手放すことをお勧めする。
- キャリアに一貫性がなくても構わない。大事なのは、信念に一貫性があることである。
- 独立してもうまくやっていける会社員の振る舞いには、8つの共通点がある。

■エピローグ

目指すのは「ふにゃふにゃしたキャリア」

宮城県仙台市にハーベストというＮＰＯがある（特定非営利活動法人ハーベストＨＰ　https://www.heartbest.net/about/）。

この組織は「誰でも先生、誰でも生徒、どこでも学校。教えたいことを教え、学び合いことを学ぶ『夢の学校』。」を謳う愛知サマーセミナー（地域市民と学校が結びついた市民参加型セミナー）を、自地域に展開すべく活動している。

かつて筆者も、市民講師として登壇したことがある。そしてそこには、沢山の学生が集っていた。

普段、親族や先生などを除き、接点のない大人の話をじっくり聴く機会も少ないであろう彼らに、市民講師として何を伝えるか。コロナ禍は、集合・対面形式で講座を開くことができなかったため、オンライン上で、入れ替わり立ち替わり複数の学生と、一対一で面談したことがあった。

やはり、面識のない大人と接することに慣れておらず、緊張した面持ちで面談に臨む学生ばかりだったが、ある学生から「仕事は楽しいですか」と聞かれた際に、私が「はい。

仕事って、楽しいですよ」と答えると、その学生は少し驚いたような、ホッとしたような顔をした。

自分が学業を終えた後、おそらくは生涯かかわるであろう仕事を「楽しいものだ」と言う大人がいる。そのことを確認したことで、将来に対する漠然とした不安の一部が、ほんの少しでも解消されたのかもしれない。

思い返せば私も、仕事とは楽しいものだとは教えられてこなかった。

だがその一方で、現在にいたるまで、仕事に取りかかるように臨む趣味など、持ち合わせてもこなかった。したがって、「やはり、仕事というものは楽しいものであり、私の生きがいに大いに貢献している」というのが、少なくとも筆者のような日本人にとっては好ましいのである。


また友人が、「聞き書き」甲子園という活動を教えてくれた。

聞き書き甲子園ＨＰ　https://www.kikigaki.net/about

聞き書き甲子園に参加した高校生の作品は、作品集にまとめられている。

作品集には、様々な職業に従事する名人の知恵や技術、大切にしていること、そして名人から読み手に伝えたいこと、人生観など、名言がまとめられている。職務経歴という観点で言えば、学業を終えてすぐに家業を継いだ名人もいれば、会社員を辞めて、もしくは会社員を続けながら、職業に従事する名人もいて様々だ。したがって、会社員が生涯キャリアを考える際にも大いに参考になる。

そして、そんな名人に共通しているのは、**彼らが「勤勉」「礼儀正しい」「親切」「ねばり強い」という日本人の性質を、最もよく体現している**ということだ。また、彼らの発する言葉の端々から、仕事が「好き」という気持ちや、仕事に向き合う「楽しさ」がにじみ出でている。

だがその一方で、後継者問題や業界そのものの衰退、代替品による脅威など、様々な問題に直面していることもまた事実である。そして、それらについて、一定程度、会社員という職業訓練を積んでいれば、解消できるかもしれない問題も少なからずある。名人の技術や魂を真に継承していくためには、**会社員の発想、会社員による問題解決**が功を奏することもあるはずだ。

今ほどサラリーマンが活躍できる時代はない

筆者は長く、企業の人材育成に携わってきたが、ほとんどの会社員は企業から相応の能力開発投資を受けている。マナーもコミュニケーションも問題解決も、個人であれば一定の訓練を受けて仕事に活かしてきた。パソコンを扱うスキルの習得ひとつとっても、まったく無料でマスターすることは難しいだろう。

会社員にとって、このような訓練やその成果として獲得した知識やスキルは、当たり前すぎて、大した価値を感じないかもしれない。

しかしながら、筆者のように、そのような訓練を受けたことがない人材と、受けたことがある人材を比較する職業にある者には、その価値がよく分かるのだ。よくOECD（経済協力開発機構）などが、日本の労働生産性の低さを指摘するが、日本全体でこの値を引き下げているのは、ローカル経済圏の飲食店や旅館業などで、一部業界における大企業の生産性は、他の加盟国のそれと比べても高い値を示す。

したがって、一部の特別な才能や能力が求められる職業を除き、**箪笥にサラリーマンと**

いうスキルの「引き出し」をもつ人材は強いといえる。

特に、これからＡＩやロボットを活用して仕事を進める際に、次のようなことはすべて会社員の知的財産なのである。

- 単純に操作マニュアルを読み解くことができる。
- パソコンやその他のＯＡ機器を使いこなすことができる。
- 過去に習得したスキルの延長線上で、新たなスキルを学ぶことができる。したがって多くのことをイチから学ぶ必要はない。など

したがって、**会社員の当たり前を疑ってかかることから、会社員の大活躍ははじまる。**

日本企業だからこそ、のユニークな実務能力

現在、欧米企業が一般的に採用している「ジョブ型」の働き方は優れており、日本企業が一般的に採用してきた「メンバーシップ型」の働き方は劣っているというような論調が

ある。

確かにジョブ型は、コロナ禍において社員が互いにリモートワークをするなか、各人のジョブを、その範囲や内容について明確にすることで、より納得性の高い人事評価につなげようとした際にがぜん注目され、そして導入されるにいたった。そして日本政府も三位一体の労働市場改革において「個々の企業の実態に応じた職務給の導入」を掲げ、ジョブ型を推奨していく意向である。

確かにジョブ型は、たとえば個別企業が業界別にも、職種別にも、てんでんばらばらにジョブの内容や範囲を定義するのではなく、労働市場内で業界別、職種別、もしくは階層別に標準的なジョブを定義し、当該ジョブに一物一価を適用するものである。そして、日本企業にジョブ型が浸透すれば、労力や能力に対する対価を定めやすいし、労働力の流動化を促しやすいというのが、政府の認識でもあるだろう。

しかしながら、標準的な仕事、規格に収まる仕事を追求するということは、その仕事で成果を出すための標準的な能力や仕様を明らかにするということであり、遂にはＡＩやロボットで代替可能な仕事に仕分けるほうのベルトコンベアにのせるということだ。

その一方で、メンバーシップ型は、企業固有のユニークな実務能力を開発してきた。そのユニークな実務能力は、労働市場においてもユニークだし、「色々やってきました」は、標準的な仕事、規格に収まる仕事を優れた性能でこなすAIを管理監督するのにも役立つだろう。したがって、メンバーシップ型でやってきたことを、右にならえで安直に捨ててはならない。

「課長」の価値はますます高まる

なお、このことは、大きな組織で管理職を務めてきた人材に特にお伝えしたい。管理職はゼネラリストで、メンバーシップ型の最たるものだと揶揄《やゆ》される向きもあるし、近未来の労働市場において、敬遠されるジョブだろうという見方もある。だが、筆者の認識はそうではない。

今後、労働市場が一定程度ジョブ型に対応すべく整備され、移行していくとしても、それまでメンバーシップ型を経験してきた管理職の価値は、ますます高まるだろうというのが筆者の見方だ。

特に**同じ管理職でも、課長職の価値は部長職のそれよりも上がる。**なぜなら、部長の部下は会社側の人材（課長）だが、課長の部下は会社側の人材ではないため、部長職よりもその役割を全うすることが難しいからだ。

具体的には、課長はその役割を果たすべく、多様なメンバーから、単にポジションパワーだけではなく、その人間力をもって信頼を得るすべを学び、公正な基準で職場を統率するすべを学び、彼らをサポートして成長を促すすべを学び、かつその学びを職場職場で実践してきた。そして、これらの学びと実践は、彼らのマネジャーとしての能力を確実に強化してきたはずである。

また当の課長も、今後は自らの人材像を次のように再定義しても良いだろう。

「私は、多様な人材が集う組織のマネジメントおよび、人材育成を担うプロフェッショナル・マネジャーである」と。

このように再定義することにより、管理職というゼネラリストでメンバーシップ型人材も、プロフェッショナルとして活躍すべく、確かな能力開発の方向性を見出すことができるだろう。

他人に喜ばれることを自分のやり方で追求する

日本人は、「自己肯定感」が諸国と比べて格段に低い。ただし、その感情は「自己有用感」（自分は役に立つ）という別の感情と結びつき、この2つの感情は有意に正の相関関係が認められる。これらは先に述べた。

日本人は、どうやら独りで幸せになること、幸せであることは難しいし、それを善しともしない民族であるようだ。一方、他人の幸せに貢献することで幸せになれる。

そうだとするのであれば、自分の感覚で、他人に喜ばれている、役に立っていると実感できることを、自分らしいやり方で、とことん追求してみてはどうだろうか。そのスタンスで生涯キャリアを自己管理していけば、先ずは「大過はない」のではなかろうかと筆者は考える。

そして日本人の性質は、人としての真善美（近代における認識上の真と、倫理上の善と、審美上の美。人間としての理想を実現した「最高」の状態を指す）に近づこうとする癖づけされたいくつかの姿勢や行動ではないだろうか。聞き書き甲子園資料集等を読み解くなかで、そのように感じた。

「お前なんて、うちの会社にいたから、まだやってこられたんだ。他に行っても苦労するだけだぞ。いやいや、苦労で済めばいいが、どこかで家族もろとも野垂れ死ぬかもしれない。残れたのに何が不満なんだ？」

私にこう言い放った当の上司が、辞表を受理した。私が辞表を提出してから、気が付けば1年の月日が経っていた。その上司から、ある日会議室に呼び出された。

「君が、うちの会社にもう何の関心もないことは分かっている。そしてうちの会社になんてすがらなくても生きていけるよな」

「――」

「俺にはもう無理だ。君のようにはできない。会社が雇ってくれるかぎり、ここに勤め続けることになるんだろうな」

「それもいいじゃないですか。私はその選択を否定しません」

「なに言ってんだよ。その選択が嫌だから君は出ていくんじゃないか」

「それはたまたま私の意思とは違うから、というだけです。その選択そのものをどうこう言うつもりはありません」

「じゃあ、残れよ」

「いえ、残りません」

「お前はいいよな。まだいくらでもやり直せる。俺とは違うんだ」

「いやいや、お前なんて、うちの会社にいたから、まだやって来られたんだ。他に行っても野垂れ死ぬだけだぞと仰っていたじゃないですか」

「そんなことも言ったかな――それは悪かったよ、ごめん――そういえばお前も昭和生まれだろ？　昭和って元号は外国の元号も含めて最長らしいぞ。60年を超える元号がまずないらしい」

「そうなんですか？　それはすごいですね。日本は世界で現存する最古の国だし、歴史にまつわる記録がついて回りますね」

「昭和ってなんだったんだろうな。今『ザ・昭和ですね』とか言われるじゃないか。こないだ調べたんだが、1989年、昭和64年／平成元年、昭和天皇が崩御した年にさ、ユーキャンの新語・流行語大賞で『セクハラ』が大賞をとったんだよな」

「ということは、パワハラなんて言葉もなかったわけですよね」

「そうだよな。俺がむかし新人だった頃、上司に言われたんだよ。前日、係長かなんかの叱責がものすごくて、1時間くらい続いてさ、これ以上聞いてたらメンタルやられると思って、そのまま帰っちゃったのよ。それでも次の日、出勤してその係長に謝ったら、その係長が薄ら笑いをうかべて『どっかでクビ吊って死んでるかと思ったわ』って言ってた――。――ただな、昭和を否定したくもないんだよ。日本が元気のいい時代だったと思うし……」

「――そうですね。今って頑張りたくても頑張らせてもらえない環境があるじゃないですか。残業規制があるから、仕掛かりの仕事も完成させないで帰らせちゃうとか。最近はホワイト企業過ぎて辞めてしまう若者もいるらしいですよ。企業や上司としては、社員の『頑張りたい』っていう気持ちはどこまでも応援すべきですよね。私はそう思います。そういう意味で、昭和はどこまでも、何もないところから頑張る時代だったのかもしれない。それはそれで素晴らしいし、誇らしいと思います。ただ、――」

「ただ?」

「こういうふうに頑張れとか、これぐらい頑張れとか、頑張れを強要してはいけないと思います。他人は誰かの『頑張る』に寄り添って、サポートするだけ。だって、その人の大切な人生だもの。自分ですべてを決めたらいいんじゃないですか。決められなかったら、アドバイスをくれる師匠を求めればいい」

「ほう、いいこと言うようになったな、上倉くん――。君がこれまではち切れるほど頑張ってきたのを俺はたしかに見てきたよ。――これからも君らしく頑張れ」

「ありがとうございました」

私は、会社を辞めた。独立を心配する父は、あれこれと小言を言ってきたが、それは受け流しつつ、心の中でこう感謝の言葉を伝えた。

父さんが僕に、飲みたくもないトマトジュースを飲めと強要したことは一度もなかったよ。少なくとも、僕の知る限りにおいて。

「確固としたキャリア」を目指すことの危険性

本書に登場する上倉と喜多川の出会いは、上倉にとっては幸運の連続だったかもしれないが（少なくとも、当初はそう感じたかもしれないが）、喜多川にとって、結局は双方にとってそれは偶然ではなかった。

このような出会いは、ある。だが注意を払っていなければ、ない。あなたは自分が分からずに、迷う。そんな過程において、私は私の「信念の一貫性」を確認していかなければならない。それほど、自分というモノは分からないものだと、筆者は自分の仕事を通じて思い知ってきた。

だからこそ、私は自分をよく知る必要があるし、分からなければ、私について教えてくれる誰かに、教えを請わなければならない。

そして、私の生きがいと職業を一致させることが望ましい。

一方で、「私の職業はこういうものです」とたやすく決めてくれる道先案内もある。それが、政策が奨励する職業や国家資格だ。だが一見、「確固としたキャリア」を約束してくれるはずの難関資格は、その業務をＡＩに代替されつつある。

今、難関資格が求める膨大な知識体系はインターネット上にあり、そのような知識にいつでもアクセスすることができるし、ＡＩは膨大な実例を記憶して、正解を導き出すことに、もしくは確からしさから外れているものを検出することに長けているからだ。

実際、活躍されている有資格者は、確かに資格を保持していなくてはできない仕事をしているが、別の仕事をしていてもきっと活躍しているだろう人物ばかりだ。そしてコロナ禍においても、会って話したい友人のような人物が多い。

「ふにゃふにゃしたキャリア」を培う

これからのキャリアにおいて、我々は誰にも求められる必要はまったくないと筆者は思う。ただし、究極は**「また、あの人と仕事がしたい」と思われるような、基礎能力に優れた「ふにゃふにゃしたキャリア」が、自分が選択して生きる共同体（コミュニティー）において、近江商人の商売哲学「三方よし」にもつながる**のではないかと筆者は考えている。

では、そんな基礎能力に優れた「ふにゃふにゃしたキャリア」とは、どう培えばよいのか。

これはあくまで私見であるが、それは**「見ること」「聞くこと」「書くこと」「話すこと」「学ぶこと」**という、これも会社員にとっては、基礎中の基礎、当たり前の中にあるのではないかと筆者は考えている。

なぜなら、その学びの成果は突き詰めれば、「あなたの見方」「あなたの聞き方」「あなたの話し方」「あなたの書き方」「あなたの話し方」「あなたの学び方」になるからだ。そして、あなたのやり方が確立してくると、あなたは周囲から、もしくは今まで取引のなかった顧客から、それこそ、これまで手掛けたことがなかったような仕事の依頼を受けるかもしれない。

だが、その仕事は、確かにあなたのやり方において、力量において完成する。そしてまた、これまで手掛けたことのない仕事が舞い込む。またそれを、あなたのやり方でやり遂げる。この積み重ねが、ふにゃふにゃしたキャリアの正体である。

ＡＩは、キャリアにまで昇華したあなたのやり方のユニークさ、魅力を超えることは難しいだろう。

一方、だからと言って、別に奇抜なあなたのやり方を狙う必要もない、個性をいたずらに強調しようとする必要もない。

ただ、あなたはあなたの心を突き動かす信念の一貫性に従って、様々なことにチャレンジしてみればよいのだと筆者は確信する。そしてその道程で、基礎能力を高めて行けばいい。

あなたは、**今後、自身の基礎能力を磨けば磨くほど、あなたのユニークさをますます知ることになる**はずだ。

このコロナは、私のキャリアに大きな影響をもたらした。そう考える会社員も少なくないはずだ。

かくいう筆者も、コロナというある種のブラインド、そのスキマから見え隠れするテクノロジーの飛躍的な、だがまだ部分的で、統合はなされていない過程の進歩を目の当たりにしながら、我々の生活や働き方は大きく変わる、キャリアの考え方もまた大きく変わると感じてきた。

我々はそもそも強くもなく、弱くもないはずだが、時の環境には大きな影響を受ける。したがって、我々は環境およびその変化に適応していかなければならないし、それができなければ生きていけないか、もしくは生きづらい存在だ。そして今、我々は「適応」ということに、特に注意深くあらねばならない。なぜなら、これからを生きる人々にとって意味をもつ「適応」とは、これまでのように誰かが国民や大衆に方向性を示し統制する社会への「順応」ではないからだ。これからは、我々がそれぞれ生きていきたいコミュニティーを、それぞれ試行錯誤しながら、それぞれ自分で選び取らなければならない。そうでなければ、ますます多様化する人生の選択肢に、真に適応するための接着面すらも与えられないだろう。なぜなら真の適応とは、自らリスクをとって主体的に「私らしさ」を選び取り、失敗を克服し、また「私らしさ」を選び取るその連続の中にあるからだ。そうでなければ、私にとって社会はいつまでもどこまでも借り物で、空っぽなままである（だが同時に、その空っぽを埋めようとしてくれるビジネス、ビッグデータの解析技術を駆使して「あなたらしさ」を決めてくれるビジネスは、ますます活況になるだろう）。

なお、同じことは生涯キャリアの自己管理時代における仕事にも言える。

「人工知能は永遠に人間の知恵に取って代わることはない」

筆者は、人間の知恵を、絶対的に優位な、ある種の支配力をもつ能力だとは考えていない。知恵とは、時にマスマーケティングの対象にもならないような、ということは大資本による投資の対象にもならないような、ちょっとした「親切」や機転、危機回避に他ならないし、その個別性やユニークさについて、人工知能が取って代わることもないのであろう。一方で、その知恵はあなたや私の生涯キャリアにおいて、引き続きとても重要な武器になるはずだ。なぜなら、多元社会を構成するどこかのコミュニティーは、必ずあなたらしさやあなたの知恵を求めているからだ。仮に、そのようなコミュニティーが周囲に見つからなければ、探し求めてもよいし、自分で創ればよい。

かつてある宗教家に「徳とはなにか」と質問したとき、その人物は「徳とは、人助けが喜びであると心底思えるよう、自らを癖づけすることだ」と答えてくれた。そして、この教えに基づけば、人助けを喜びとする日本人の性質において、仕事とは、碩徳《せきとく》（大きな徳）にいたる癖づけのための手段に他ならないし、何よりその自覚こそが、生きがいと仕事を結びつける。

本書の最後に、今回の執筆においても、多くの協力者が私を支えてくれた。その一人ひとりを思い浮かべながら、筆をおく。

2023年7月

新井健一

新井健一（あらい・けんいち）

経営コンサルタント、アジア・ひと・しくみ研究所代表取締役
1972年神奈川県生まれ。早稲田大学政治経済学部卒業後、大手重機械メーカー人事部、アーサーアンダーセン（現KPMG）、ビジネススクールの責任者・専任講師を経て独立。人事分野において、経営戦略から経営管理、人事制度から社員の能力開発／行動変容に至るまでを一貫してデザインすることのできる専門家。著書に『働かない技術』、『いらない課長、すごい課長』、『事業部長になるための「経営の基礎」』（共著）など。

それでも、「普通の会社員」はいちばん強い
40歳からのキャリアをどう生きるか

2023年9月15日　1版1刷

著者　新井健一
©Kenichi Arai,2023
発行者　國分正哉
発行　株式会社日経BP
日本経済新聞出版
発売　株式会社日経BPマーケティング
〒105－8308
東京都港区虎ノ門4－3－12
装丁　小口翔平＋畑中茜＋嵩あかり（tobufune）
イラスト　藤原なおこ
DTP　マーリンクレイン
印刷・製本　中央精版印刷

ISBN　978-4-296-11720-8
Printed in Japan